Discovery EDUCATION
맛있는 과학

디스커버리 에듀케이션
맛있는 과학-30 계절·낮과 밤

1판 1쇄 발행 | 2012. 3. 9.
1판 4쇄 발행 | 2018. 3. 11.

발행처 김영사
발행인 고세규
등록번호 제 406-2003-036호
등록일자 1979. 5. 17.
주　　소 경기도 파주시 문발로 197(우10881)
전　　화 마케팅부 031-955-3102 편집부 031-955-3113~20
팩　　스 031-955-3111

Photo copyright ⓒDiscoveryEducation, 2011
Korean copyright ⓒGimm-Young Publishers, Inc., Discovery Education Korea Funnybooks, 2012

값은 표지에 있습니다.
ISBN 978-89-349-5479-8 64400
ISBN 978-89-349-5254-1 (세트)

좋은 독자가 좋은 책을 만듭니다. 김영사는 독자 여러분의 의견에 항상 귀 기울이고 있습니다.
독자의견전화 031-955-3139 | 전자우편 book@gimmyoung.com | 홈페이지 www.gimmyoungjr.com
어린이들의 책놀이터 cafe.naver.com/gimmyoungjr | 드림365 cafe.naver.com/dreem365

어린이제품 안전특별법에 의한 표시사항
제품명 도서　제조년월일 2018년 3월 11일　제조사명 김영사　주소 10881 경기도 파주시 문발로 197
전화번호 031-955-3100　제조국명 대한민국　⚠ 주의 책 모서리에 찍히거나 책장에 베이지 않게 조심하세요.

최고의 어린이 과학 콘텐츠
디스커버리 에듀케이션 정식 계약판!

Discovery EDUCATION

맛있는 과학

30 | 계절·낮과 밤

민주영 지음 | 지미란 그림 | 류지윤 외 감수

주니어김영사

차례

1. 지구의 낮과 밤

지구의 자전 8
> TIP 요건 몰랐지? 만약 지구가 자전을 멈춘다면?. 13

낮과 밤이 생기는 이유 14
> TIP 요건 몰랐지? 우주에도 낮과 밤이 있을까요? 16

지구의 자전을 증명하는 현상들 17
> TIP 요건 몰랐지? 왜 나라마다 현재 시각이 다를까요? 23
> Q&A 꼭 알고 넘어가자! 24

2. 지구와 계절

지구의 공전 28
> TIP 요건 몰랐지? 지동설을 주장한 사람들 31

지구의 운동과 계절 변화 32

지구의 공전을 말해 주는 증거 35
> Q&A 꼭 알고 넘어가자! 38

3. 태양 고도

태양 고도 측정 실험 42
- TIP 요건 몰랐지? 태양의 고도가 가장 높을 때 44

태양 고도에 따른 기온변화 45
- TIP 요건 몰랐지? 하루가 점점 길어진다! 48

해시계의 탄생 49
- TIP 요건 몰랐지? 최초의 시계 53
- Q&A 꼭 알고 넘어가자! 54

4. 태양과 계절

계절에 따른 태양의 고도와 기온 변화 58
- TIP 요건 몰랐지? 24절기 61

계절에 따른 밤낮의 길이변화 62
- TIP 요건 몰랐지? 서머타임(summer time) 65

우리나라의 사계절 66
- TIP 요건 몰랐지? 우리나라 계절에 영향을 주는 기단 69
- Q&A 꼭 알고 넘어가자! 70

5. 태양과 기후

지구의 위도에 따른 태양의 고도 변화 74
- TIP 요건 몰랐지? 태양의 남중고도 78

세계 기후가 다른 이유 79
- TIP 요건 몰랐지? 세계에서 가장 추운 곳과 더운 곳 86

쾨펜의 세계 기후 구분 87
- Q&A 꼭 알고 넘어가자! 90

관련 교과
초등 5학년 1학기 1. 지구와 달
초등 5학년 2학기 7. 태양의 가족
중학교 2학년 6. 태양계

1. 지구의 낮과 밤

우리는 보통 밤이 되면 잠을 자고 아침이 되면 다시 활동을 시작합니다. 낮과 밤이 바뀐 생활을 오래하면 건강에 문제가 생깁니다. 자연스럽게 낮과 밤에 따라 살아가는 것이 가장 좋습니다. 우주에는 늘 깜깜한 행성도 있는데, 지구는 활동하기 좋은 낮이라는 선물을 우리에게 준 셈입니다. 낮과 밤이 어떻게 생기는지 알아보아요.

지구의 자전

자전축

지구의 북극과 남극을 연결한 선을 말합니다. 핫도그를 지구로 생각한다면 핫도그 중간에 꽂힌 나무젓가락처럼 중심이 되는 기둥이 바로 자전축입니다.

지구의 자전 속도

지구는 끊임없이 운동을 하고 있습니다. 지구가 헬스클럽에 다니는 것도 아니고, 줄넘기나 축구를 하는 것도 아닌데 무슨 운동을 하는지 궁금하지요? 지구는 자전축을 중심으로 하루에 한 바퀴씩 스스로 제자리 돌기를 하고 있는데, 우리는 이 현상을

'자전'이라고 부릅니다.

　지구가 자전하는 것과 같은 모습은 우리 주변에서도 쉽게 찾아볼 수 있습니다. 놀이동산을 떠올리면 제일 먼저 회전목마나 풍차처럼 돌아가는 대관람차가 생각나는데, 이 둘이 돌아가는 모습을 잘 보세요. 회전목마를 보면 가운데 기둥이 있고 동그란 판에 여러 가지 동물들이 있습니다. 그 위에 우리가 앉아 있으면 동그란 판이 돌아가면서 움직이기 시작합니다. 마찬가지로 대관람차도 가운데 중심이 있고, 큰 원을 그리며 하늘을 돌아 제자리에 돌아옵니다. 마찬가지로 지구의 자전도 어느 한 점을 중심으로 한 바퀴 돌아 다시 제자리로 돌아오는 현상을 말합니다.

　그렇다면 지구는 얼마나 빠르게 돌고 있을까요? 지구는 하루에 한 바퀴를 돕니다. 하루가 24시간이니까 24시간에 한 바퀴를 도는 셈입니다. 적도를 기준으로 지구가 도는 속도를 계산해 봅시다. 적도의 한 곳을 점으로 표시하고, 그곳으로부터 지구를 세로로 잘라 도화지 위에 편평하게 펼쳐 놓는다고 가정해 보아요. 그리고 지구의 처음부터 끝까지의 길이를 4만 km로

◀ 회전목마 ⓒGreen Lane @the Wikimedia Commons　▶ 대관람차 ⓒLlywrch@the Wikimedia Common
우리 주위에서 원운동을 하는 놀이기구들. 지구도 이들처럼 회전 운동을 한다.

적도

지구의 가장 가운데 부분입니다. 지구의 중심을 지나는 자전축에 수직인 평면과 지표와 교차되는 선을 말합니다.

생각한다면 4만km를 24시간에 가야 하는 셈이니까 '40,000÷24=1666.67'이므로 한 시간에 약 1,667km를 가야 하는 것입니다. 이 정도의 속도가 상상이 잘 되지 않지요? 그럼 땅 위에서 가장 빠른 교통수단인 KTX는 한 시간에 300km를 갑니다. 즉 지구는 KTX가 달리는 속도보다 대여섯 배 빠른 속도로 돌고 있는 것이죠. KTX보다 더 빠른 비행기도 지구가 도는 속도보다는 빠르지 못합니다.

상대 속도

그런데 이렇게 빠른 속도를 우리는 왜 느끼지 못하고 살아갈까요? 지구가 너무 빠르게 원운동을 한다면 지구에 살고 있는 사람이 튕겨 나갈 수도

있지 않을까요? 아닙니다. 지구의 속도를 느끼지 못하는 것은 상대속도 때문입니다. 상대속도란 혼자 움직일 때 나타나는 빠르기가 아니라 주변의 모든 물체가 같이 움직일 때 나타나는 속도를 말합니다. 기차를 타고 달리다 보면 길에 가만히 서 있는 나무가 오히려 뒤로 움직이는 것처럼 보일 때가 있습니다. 또 내가 탄 자동차가 가만히 있을 때와 달리고 있을 때 옆 차선에서 달리는 자동차의 속도가 다르게 느껴집니다.

　지구도 마찬가지입니다. 지구가 하루에 한 바퀴를 돌 때 그 위에 있는 집이나 산, 바다, 심지어 공기까지도 같이 돌고 있기 때문에 사람들도 지구가 자전하고 있다는 것을 느끼기 어려운 것입니다.

　그렇다면 옛날 사람들은 지구가 자전한다는 것을 알았을까요? 고대 그리스인들은 북극성이나 한여름에 태양의 고도를 이집트의 알렉산드리아와 그리스에서 측정했을 때 다르다는 사실을 통해 지구가 둥글다는 것은 알고 있었습니다. 하지만 만약 지구가 자전하고 있다면 지구 표면에서는 항상 큰 바람이 불고 있어야 한다는 생각 때문에 지구가 움직인다고 생각하는 사람은 적었어요. 오늘날은 우주선을 타고 우주로 나가 지구를 바라보면 지구가 천천히 자전하고 있다는 사실을 직접 확인할 수 있습니다.

　그럼 별, 달 등 지구 밖에 있는 것들은 어떻게 보일까요? 예를 들어 밤 하늘에 보이는 별을 보면 별들은 움직이지 않고 항상 그 자리에 있는 것처럼 보입니다. 그것은 별이 지구와 같은 속도로 돌고 있기 때

지구는 엄청 빨리 돌지만 그 속도를 느낄 수는 없어!

문일 것이라고 여기기 쉽지만, 잘못된 생각입니다. 별은 지구에서 너무 멀리 떨어져 있기 때문에 움직임이 잘 보이지 않는 것뿐입니다. 사실 태양보다도 밝고 큰 별들이 있는데 지구와 너무 멀리 떨어져 있어서 아주 작게 보이고 태양보다 어둡게 보이기도 합니다.

만약 지구가 자전을 멈춘다면?

지구는 쉬지 않고 돌고 있습니다. 그런데 갑자기 지구가 멈춘다면 어떻게 될까요? 평소에 지구가 움직이는 것을 느끼지 못하고 살아가지만, 지구가 멈추면 굉장히 끔찍한 일이 일어납니다. 우리가 버스를 타고 가다가 급하게 버스가 멈추어 선다면 어떤 현상이 생기나요? 사람들이 많이 넘어지겠지요. 또 신발주머니를 가지고 빙빙 돌리다가 손이 미끄러져 돌리는 힘이 사라지게 되면 그 속에 들어 있는 신발이 휙 날아가 버리겠지요. 이렇게 운동하던 물체가 갑자기 정지하려고 하면 운동을 계속하려는 힘을 가지게 됩니다. 이것을 과학에서는 '관성'이라 합니다. 100m 달리기를 하고 결승점에서 바로 멈출 수 없는 것도 운동하던 물체가 계속 운동하려는 관성 때문입니다.

지구도 마찬가지입니다. 지구와 함께 지구 위의 모든 생명체나 건물, 산과 바다 등이 함께 움직이고 있는데 지구가 갑자기 운동을 멈춘다면 지구 위에서 같이 움직이고 있던 모든 것들이 날아가게 됩니다.

낮과 밤이 생기는 이유

우리는 낮에 활동을 하고 밤에는 잠을 잡니다. 그런데 낮과 밤은 왜 생기는 걸까요? 낮에 너무 많은 활동을 했으니 쉬는 시간이 필요해서 밤이 생겨난 걸까요? 아니면 낮은 너무 환해서 잠을 푹 잘 수 없으니까 밤이 생긴 것일까요? 지구에 낮과 밤이 생기는 이유는 바로 앞에서 말한 지구의 자전 때문입니다. 겨울이 되어 따뜻한 난로 앞에 앉았을 때 얼굴은 뜨겁지만 등은 추울 때가 있습니다. 그것은 열이 앞쪽에만 전달되기 때문이지요. 지구도 마찬가지입니다.

그림처럼 태양이 지구를 바로 비출 때에 빛을 받는 곳은 환하고 따뜻하겠지요? 이렇게 빛을 받는 지역은 낮이 됩니다. 반대로 어둡게 칠해진 부분은 태양빛을 받을 수 없기 때문에 밤이 되는 것입니다. 그런데 지구는 가만히 있지 않고 자전을 합니다. 자전을 하면 까맣게 칠해져 현재 밤이었던 곳도 시간이 지나면 낮이 됩니다. 24시간에 한 번 지구가 돈다고 했으니까 열두 시간 정도가 지나면 낮인 곳과 밤인 곳의 위치가 바뀌어서 낮인 곳은 밤, 밤인 곳은 낮이 됩니다.

그렇다면 핫도그를 똑바로 세워 놓고 조명을 비추면 빛이 한 면에 고루 비춰지는 것처럼 같은 경도인 곳에서는 낮과 밤이 되는 시간이 모두 같을까요? 지구는 자전축을 중심으로 자전하지만 자전축이 태양과 수직으로 있지는 않습니다.

위도와 경도

지구본을 자세히 보면 가로와 세로로 줄이 그어져 있습니다. 그때 가로줄을 위도, 세로줄을 경도라고 합니다.

지구의 자전축은 약간 기울어져 있습니다. 핫도그를 손에 쥐고 약 23° 정도 기울여 보세요. 지구도 자전축이 약 23° 기울어져 있기 때문에 태양빛이 비추는 면적도 어느 곳은 넓고, 어느 곳은 좁을 수밖에 없습니다. 태양빛이 많이 비치는 곳은 낮이 긴 곳이고, 태양빛이 적게 비치는 곳은 낮이 짧을 수밖에 없습니다. 즉 밤이 길어지게 되는 것이지요. 그렇다면 낮이 가장 긴 곳은 어디일까요? 바로 적도 지방입니다. 계절에 따라 낮이 가장 긴 곳이 조금씩 달라지기는 하지만 적도가 태양빛을 많이 받기 때문에 낮이 긴 곳이고, 다른 곳에 비해 더울 수밖에 없습니다.

우주에도 낮과 밤이 있을까요?

우리는 지구 위에 살고 있기 때문에 낮과 밤을 경험하며 살아갑니다. 그렇다면 우주에도 낮과 밤이 있을까요? 결론부터 말하자면, 우주에는 낮과 밤이 없습니다. 낮이 생기기 위해서는 태양과 같은 항성이 있어야 하고, 지구와 같은 행성이 그 주위를 돌고 있어야 합니다. 지구가 태양을 바라볼 때는 낮, 태양을 등지고 있을 때는 밤이 되는데, 태양계처럼 항성과 행성이 존재하지 않는 우주에는 낮과 밤이 생기기 어렵습니다. 텅 비고 깜깜한 우주 공간은 늘 밤인 셈입니다.

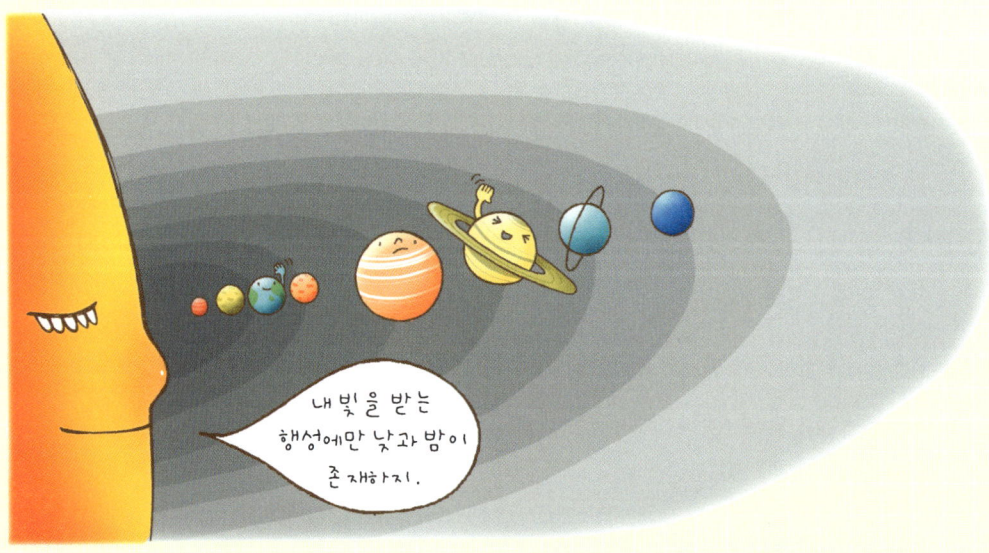

# 지구의 자전을 증명하는 현상들

지구 자전의 증거

지구가 자전축을 중심으로 하루에 한 바퀴씩 스스로 도는 현상을 자전이라고 합니다. 그런데 평소에 우리는 이를 잘 느끼지 못하고 살아갑니다. 그렇다면 지구가 자전을 하고 있다는 증거가 있을까요? 앞에서 말했던 것처럼 만약 지구가 자전을 하고 있지 않다면 낮과 밤은 생기지 않았을 것입니다. 그럼 지구가 자전을 하는 또 다른 증거는 어떤 것들이 있을까요?

가장 확실한 증거는 인공위성 궤도의 서편 이동 현상과 푸코 진자의 진동면 회전 현상입니다. 먼저 인공위성 궤도의 서편 이동 현상을 살펴봅시다.

서편 이동 현상

인공위성의 궤도가 시간이 지날수록 서쪽으로 치우쳐 가는 현상을 말합니다.

각 세계의 정보를 보다 빠르게 알기 위해 여러 나라에서는 지구 주위에 인공위성을 띄웁니다. 해외에서 활약하는 박지성 선수나 이승엽 선수의 경기를 안방에서 실시간으로 볼 수 있는 것도 인공위성 덕분입니다. 하지만 가만히 고정되어야 할 인공위성이 조금씩 서쪽으로 이동하는 것처럼 보이는 이유는 지구가 서쪽에서 동쪽으로 조금씩 돌고 있기 때문입니다. 지구가 24시간 동안 360°를 돌기 위해서는 한 시간에 15°를 돌아야 하고, 따라서 인공위성도 한 시간에 15°

제자리에 떠 있는 인공위성이 서쪽으로 조금씩 이동하는 것처럼 보이는 현상은 지구 자전의 확실한 증거이다. ⓒRmatt@the Wikimedia commons

정도씩 서쪽으로 움직이는 셈입니다.

이와 가장 비슷한 현상이 별의 일주운동입니다. 일주운동이란 태양이나 달, 또는 별 같은 천체가 하루에 한 바퀴씩 회전하는 운동을 말합니다. 지구가 서쪽에서 동쪽으로, 즉 반시계 방향으로 돌고 있기 때문에 별도 동쪽에서 서쪽으로 움직이는 것처럼 보이는 것을 별의 일주운동이라고 합니다. 마찬가지로 태양이 동쪽에서 떠서 서쪽으로 지는 것도 같은 현상입니다. 태양이 동쪽에서 떠오른다는 것은 이미 알고 있지요? 매년 새해 첫날이 되면 해돋이를 보기 위해 많은 사람들이 정동진이나 울산, 포항에 모여듭니다. 이곳은 우리나라 지도를 놓고 봤을 때 오른쪽에 위치한 곳으로, 동쪽이 서쪽보다 해가 먼저 뜨기 때문에 이곳으로 해돋이를 보러 가는 것입니다. 반대로 해가 지는 낙조를 보려면 서해안으로 가야 됩니다.

지구가 자전하는 덕분에 우리는 매일 아침 해돋이를 볼 수 있다. ⓒMoise Nicu@the Wikimedia Commons

 지구 자전의 가장 확실한 증거 중 하나인 푸코 진자의 진동면 회전에 대해 알아봅시다. 인공위성의 이동과 푸코 진자를 가장 확실한 증거로 내세우는 이유는 이 두 가지는 지구가 자전하지 않는다면 아예 나타날 수 없는 현상이기 때문입니다. 다른 현상들은 대부분 천체들이 움직이기 때문에 지구가 가만히 있고 천체가 움직인다고 설명할 수 있지만, 이 두 현상은 그렇지 않습니다.
 프랑스의 물리학자 푸코는 성당 천장에 진자를 매달아 진동시킨 결과 진자의 운동 방향이 지표면에 대하여 시계 방향으로 움직이는 것을 관찰하게 되었습니다. 만약 지구가 자전을 하지 않는다면 진자에는 중력만 작용하기 때문에 한 방향으로만 계속 왕복했을 것입니다. 하지만 지구가 자전을 하고 있기 때문에 진자의 진동면이 지표면에 대해 동쪽에서 서쪽, 즉

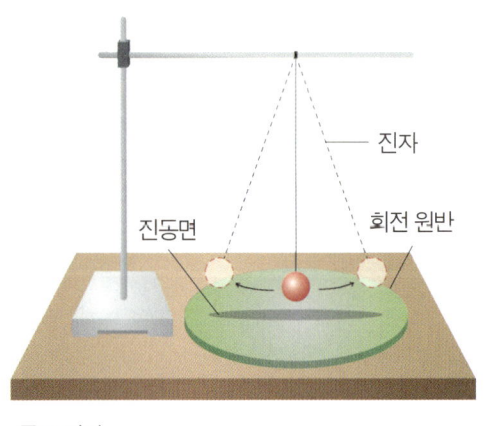

푸코 진자.

시계 방향으로 하루에 한 바퀴씩 회전한다는 것을 알게 되었지요.

이러한 푸코의 진자 실험은 위도에 따라 다르게 나타납니다. 북극에서 볼 때 지구는 반시계 방향으로 자전하고, 남극에서 볼 때는 시계 방향으로 보이기 때문에 진자의 운동 방향도 북반구에서는 시계 방향, 남반구에서는 반시계 방향으로 회전하게 됩니다.

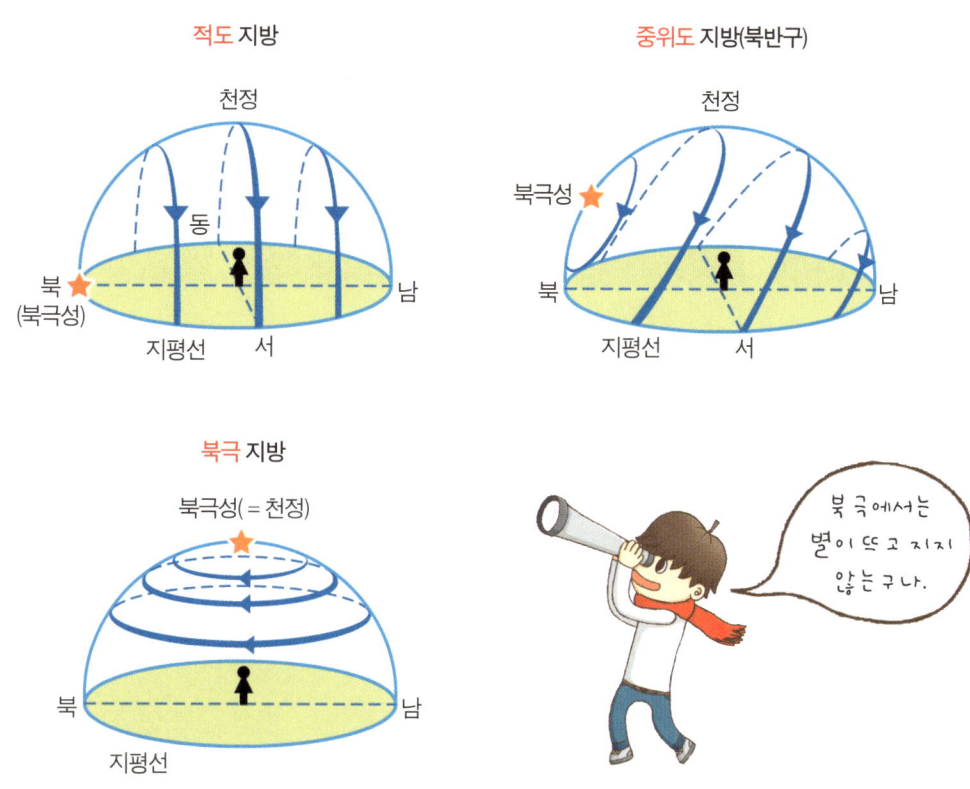

위도에 따른 별의 일주운동 모습.

별의 일주운동

별의 일주운동 모습은 위도에 따라 다르게 보입니다. 또 우리나라에서도 어느 쪽 하늘을 바라보았느냐에 따라 다르게 보이지요. 그렇다면 위도에 따른 별의 일주운동 모습을 자세히 살펴볼까요?

우리나라, 즉 중위도에서 일주운동을 살펴보면 별이 비스듬히 뜨고 지는 것처럼 보입니다. 그렇다면 모든 하늘에서 다 이와 같은 모습으로 보일까요? 그렇지 않습니다. 중위도에 위치한 우리나라에서 본 별의 일주운동 모습은 동, 서, 남, 북쪽 하늘에서 바라볼 때마다 다르게 보입니다. 먼저 북쪽

북쪽 하늘   동쪽 하늘   서쪽 하늘   남쪽 하늘

중위도 지방에서 바라본 별의 일주운동 모습.

하늘을 바라보면 북극성을 중심으로 반시계 방향으로 회전하는 모습으로 보입니다. 북극 지방의 별의 일주운동 모습과 비슷하지요. 동쪽과 서쪽 하늘을 보면 별의 운동 모습과 비슷한데 각각 방향은 다릅니다. 왜냐하면 동쪽으로 별이 떠올라 서쪽으로 지기 때문입니다. 그래서 동쪽 하늘을 바라보면 남쪽 하늘(오른쪽) 위로 비스듬히 별이 떠오르는 모양을 하고 있습니다.

반대로 서쪽 하늘은 북쪽 하늘(오른쪽)에서 비스듬히 떨어지고 있는 모습입니다. 마지막으로 남쪽 하늘에서 별의 이동 모습은 동쪽에서 서쪽으로 지평선과 거의 평행하게 움직이는 것처럼 보입니다.

지평선

지구의 한 점에서 봤을 때 평평한 지표와 하늘이 만나 선을 이루는 곳입니다.

왜 나라마다 현재 시각이 다를까요?

'시차'라는 것은 각 나라마다 시각이 다른 것을 말합니다. 세계 여러 나라 모두가 동시에 같은 시각이 될 수는 없기 때문이지요. 외국에서 하는 중요한 운동 경기를 볼 때에도 그 나라는 분명히 낮인데 우리나라에서는 새벽에 일어나야 겨우 경기를 볼 수 있을 때가 있는데, 그 이유도 바로 지구의 자전 때문입니다. 지구의 어느 한 지점이 태양을 정면으로 바라보고 있을 때 그 지점의 반대편인 곳에서는 태양빛을 받지 못하기 때문에 밤이 될 수밖에 없지요. 그렇다면 시간은 어느 나라를 기준으로 정해졌을까요?

시간을 나누는 기준이 되는 곳은 영국에 있는 그리니치 천문대입니다. 이곳을 기준으로 동쪽으로 15° 움직이면 한 시간이 빨라지고, 서쪽으로 15° 움직이면 한 시간씩 느려지게 됩니다. 15°란 기준은 24시간 동안 한 바퀴인 360°를 돌기 때문에 '360÷24=15'로 결정된 것입니다. 우리나라의 시간을 계산해 보면 표준 경도 135°를 기준으로 '135÷15=9'이기 때문에 그리니치 천문대보다 아홉 시간이 빠르답니다. (썸머타임일 때는 여덟 시간)

문제 1 자전축이란 무엇인가요?

문제 2 지구가 자전을 멈춘다면 어떤 일이 벌어질까요?

3. 지구의 자전 때문입니다. 지구의 자전 축이 태양을 향하고 있을 때 그 지점이 한낮이 되고 그 지점에서 태양을 등지고 있을 때 그 지점이 한밤이 됩니다. 그렇기 때문에 태양이 가장 높이 뜨는 때와 태양의 반대편인 지점에서 다른 시각이 되는 것입니다.

문제 3 나라마다 시간이 다른 것을 시차라고 합니다. 시차는 왜 생길까요?

_____

_____

_____

정답

1. 지구의 북극과 남극을 연결한 선을 축이라고 하는 운동입니다. 북극성이나 태양같이 회전이며, 회전축을 중심으로 한 팽이처럼 지구는 자전축을 중심으로 하루에 한 바퀴씩 돕니다.

2. 운동을이나 팽이가 돌아가는 것과 같이 축을 중심으로 계속하여 회전 운동을 하는 것을 '자전' 이라 합니다. 지구의 움직임도 운동이기 때문에 지구도 자전합니다. 시간 마다 들의 함께 움직이고 있으며 자기가 쪽으로 운동을 말씀드리고 있는지 알 수 없이 주변의 생명체나 식물, 시간 마다 달이 함께 움직이고 있으며 해가 낮이고 달이 뜨면 밤이라 생각할 것입니다.

관련 교과
초등 6학년 1학기 3. 계절의 변화
초등 6학년 2학기 4. 계절의 변화
중학교 3학년 7. 태양계의 운동

2. 지구와 계절

여러분은 어떤 계절을 가장 좋아하나요? 적도 지방에 있어서 1년 내내 여름인 나라에서는 눈이 내리는 크리스마스가 새로울 것입니다. 1년 내내 겨울인 북극 또는 남극에서는 비키니를 입고 해수욕을 즐기는 여름이 부럽겠지요. 사계절이 뚜렷한 우리나라는 이 모든 계절을 경험할 수 있으니 행복한 일입니다. 그런데 계절이 변하는 이유는 무엇일까요?

지구의 공전

지구는 태양계 안에 속해 있습니다. 태양계란 태양을 중심으로 돌고 있는 여덟 개의 행성과 행성 주위를 도는 위성, 화성과 목성 사이에서 불규칙하게 궤도운동을 하는 소행성, 혜성, 유성 등으로 이루어져 있습니다. 그런데 왜 하필 태양계라는 이름이 붙여졌을까요? 그 이유는 태양계에서 가장 큰 질량을 차지하는 것이 태양이기 때문입니다. 태양의 크기는 지구 크기의 109배이며 태양계 전체 질량의 99.8%를 차지합니다. 행성, 위성, 혜성, 소행성을 모두 합쳐도 0.2%도 되지 않으니 태양이 대표가 될 만하지요?

이유는 그뿐만이 아닙니다. 태양을 제외한 태양계 내의 모든 천체가 태양을 중심으로 돌고 있기 때문입니다. 대표적으로 우리가 사는 지구는 태양 주위를 1년에 한 바퀴씩 도는데, 이 현상을 지구의 공전이라고 합니다.

옛날에는 사람들이 지구가 태양 주위를 돌고 있다고 생각하지 못했습니다. 지구가 둥글지 않고 편평하다고 생각했기 때문이지요. 지구 위에 살던 사람들은 지구가 움직이고 있다는 것을 상상도 못했던 탓에, 지구는 가만히 있고 나머지 천체가 모두 돈다고 생각한 것입니다. 이를 '천동설'이라고 하는데, 천동설은 '프톨레마이오스'라는 그리스의 과학자가 주장했습니다. 1543년 '코페르니쿠스'가 지동설을 주장할 때까지 거의 2,000년 동안 사람들은 천동설을 믿었습니다.

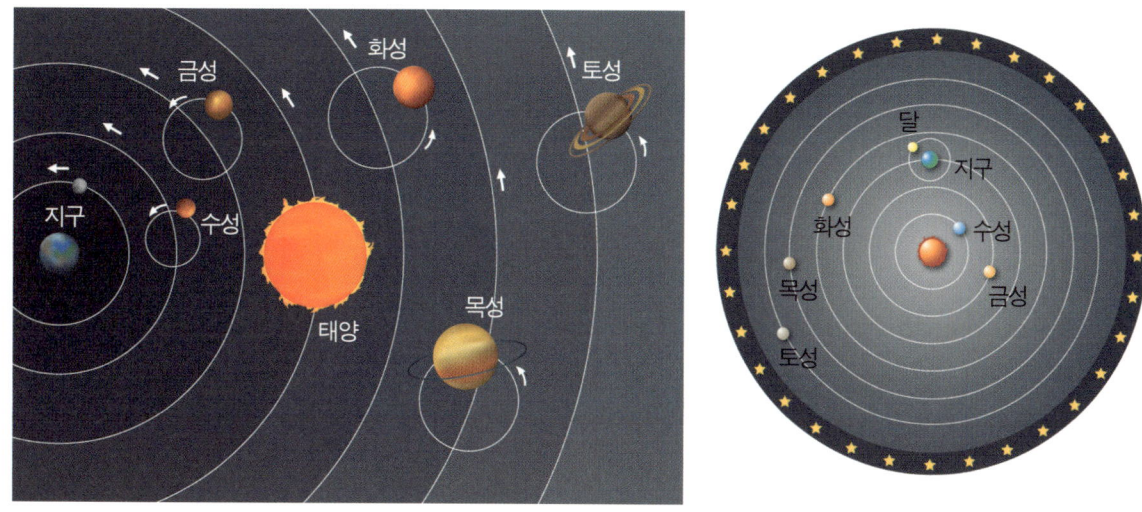

지구를 중심으로 모든 천체가 돈다는 천동설과 지구를 포함한 태양계 내의 모든 행성이 태양을 중심으로 돈다는 지동설.

그렇다면 코페르니쿠스는 어떻게 지구가 태양 주위를 돌고 있다고 생각했을까요? 그는 모든 사람들이 진리라고 생각했던 천동설과 자신이 실제 관측한 결과를 비교했습니다. 매일 하늘을 바라보며 일어나는 변화를 기록으로 남긴 결과 이상하게 천동설로 설명이 되지 않는 관측 자료가 있다는 것을 발견하게 된 것입니다.

이 의문을 풀기 위해서 코페르니쿠스는 여러 행성들의 위치와 순서를 바꿔 보았습니다. 바로 태양을 중심으로 재배치해 본 것이지요. 그랬더니 실제 행성의 움직임이 천동설을 기준으로 했을 때보다 더 잘 설명할 수 있음을 알게 되었고, 이를 정리하여 기록하였습니다. 그러나 사람들은 '지동설'은 받아들이지 못했습니다. 왜냐하면 2,000년 이상 믿고 있었던 천동설이 그 당시 종교적으로도 절대적 지지를 받고 있었고, 이를 반대한다는 것은 곧 신을 부정하는 것과 마찬가지로 생각될 수 있기 때문이었지요. 그래서 코페르니쿠스도 자신의 의견을 적극적으로 발표하지 못한 채 생을 마감했습니다.

지동설을 주장한 사람들

코페르니쿠스를 뒤 이은 두 사람이 바로 케플러와 갈릴레이입니다.

독일의 과학자 케플러는 정말 어렵고 치밀한 계산 끝에 천동설이 틀리다는 것을 알게 되었고, 그때부터 코페르니쿠스의 지동설을 연구하기 시작했습니다. 그리고 행성들이 태양 주위를 돌 때 정확한 원을 그리는 것이 아니라 타원 모양으로 돌고 있다는 것을 알아냈지요. 즉 태양이 어떤 방식으로 행성을 움직이는지를 수학적으로 계산하여 증명하였고, 모든 행성들의 움직임을 태양과 직접 결부시키는 과학적 업적을 남겼습니다.

갈릴레이는 1906년 직접 망원경을 만들어 달과 은하수를 관찰했으며, 목성의 주변을 돌고 있는 위성 네 개를 발견해 냈습니다. 이것은 행성 주위를 도는 위성의 개념을 발견한 것으로, 이는 태양 주위를 움직이는 지구에 관한 이론인 지동설을 크게 뒷받침하는 역할을 하게 되었습니다.

1577년 여섯 살이던 케플러는 대혜성을 발견하고 행성의 궤도에 관심을 갖기 시작했다. 사진은 2006년에 관측된 혜성. ⓒJlsmicro@the Wikimedia Commons

# 지구의 운동과 계절 변화

이제 계절이 생기는 원인을 알아봅시다. 흔히 계절이 생기는 이유를 '지구가 공전을 하기 때문'이라고 설명합니다. 이 말이 틀린 말은 아닙니다. 하지만 지구가 공전을 한다고 해서 계절의 변화가 반드시 생기는 것은 아닙니다. 지구의 자전축이 기울어지지 않고 똑바로 선 채로 태양 주위를 공전한다고 생각해 봅시다. 낮과 밤은 생기겠지만, 1년 내내 태양복사에너지를 받는 정도가 거의 비슷해서 계절은 변하지 않을 것입니다.

전구를 가운데 놓고 자전축이 똑바로 서 있는 지구본 네 개를 둥글게 놓아 봅시다. 가운데에 있는 전구를 태양이라 생각하고 전구를 둘러싼 지구본이 각자의 위치에서 태양복사에너지를 받는 양을 측정해 보면, 어느 위치에 있든지 복사에너지를 받는 양은 달라지지 않을 것입니다.

그렇다면 지구에 계절의 변화가 생기는 이유는 무엇 때문일까요? 지구가 그냥 공전하는 것이 아니라, 지구의 자전축이 약 23.5° 기울어진 채로 공전하기 때문입니다. 그래서 계절에 따라 태양복사에너지를 받는 정도가 달라져 계절의 변화가 생기는 것입니다.

예를 들어 우리나라가 여름이 되었을 때는 북반구 쪽에 태양복사에너지가 많이 들어옵니다. 그럼

북반구와 남반구

적도를 경계로 지구를 둘로 나누었을 때 북쪽 부분을 북반구라고 하고, 남쪽 부분을 남반구라고 합니다. 우리나라는 북반구에 위치해 있습니다.

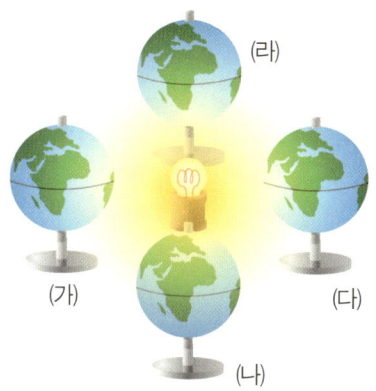

지구의 자전축이 똑바로 서 있을 경우 태양빛을 받는 모습. 위치에 상관없이 태양빛을 받는 양이 일정하다.

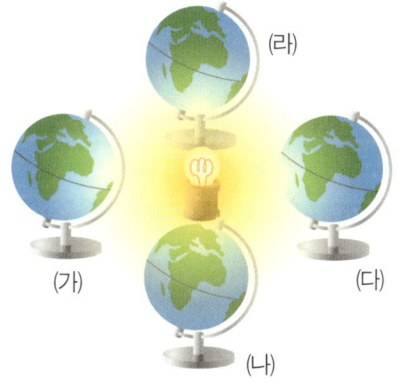

지구의 자전축이 비스듬한 경우 태양빛을 받는 모습. 위치에 따라 태양빛을 받는 양이 다르다.

지구의 반대쪽에 있는 오스트레일리아나 뉴질랜드는 상대적으로 에너지를 적게 받아 겨울이 되는 것입니다. 반대로 우리나라가 겨울이 되면 남반구 쪽은 여름이 됩니다. 이렇게 계절의 변화가 생기게 되면 여름에는 낮 시간이 길어지고 밤 시간은 짧아집니다. 겨울에는 우리나라에 도달하는 복사에너지양이 적어져서 낮이 짧아지고 밤이 길어지게 되는 것입니다.

내 자전축이 기울어지지 않았다면 계절의 변화는 생기지 않는다고!

지구가 (가)에 위치할 때 북반구에 있는 우리나라는 남반구에 있는 나라보다 태양 복사에너지를 훨씬 많이 받을 수 있습니다. 반대로 (다)의 위치에 오게 된다면 북반구보다 남반구가 훨씬 더 많은 빛을 받아 여름이 되는 것이지요. 지구의 공전은 반시계 방향으로 이루어지기 때문에 우리나라가 있는 북반구를 기준으로 한다면 (나)의 위치가 가을, (라)의 위치가 봄이 되는 것입니다.

지구의 공전을 말해 주는 증거

계절이 변하는 이유가 지구의 공전 때문이라고 했는데, 확실한 증거는 되지 못합니다. 그렇다면 지구가 공전하는 가장 확실한 증거는 무엇일까요? 지구가 공전하기 때문에 생기는 현상은 많습니다. 그중 가장 확실한 증거는 별의 시차 현상입니다. 별의 시차란 별의 위치는 변하지 않고 가만히 있는데 지구가 태양 주위를 움직여 별이 보이는 각도가 달라지는 정도를 말합니다. 이 각이 생기는 것이 지구가 공전하는 가장 확실한 증거입니다.

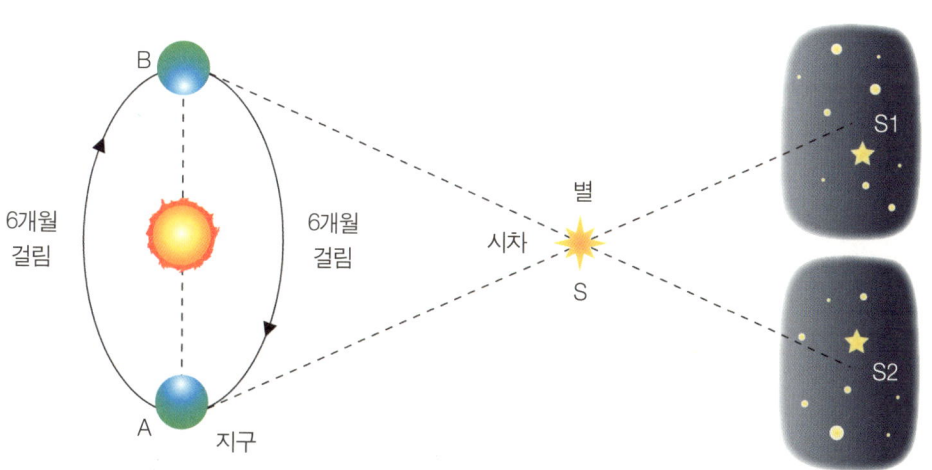

지구의 공전에 따른 별의 시차.

지구가 태양 주위를 도는 데는 1년이라는 시간이 걸립니다. 따라서 A에서 B까지 반 바퀴를 도는 데는 6개월이 걸립니다. 먼저 A 위치에서 별 S를 보았을 때, 별은 S1의 위치에 있는 것처럼 보여요. 하지만 지구가 6개월 후 B 위치에 왔을 때에는 별의 위치가 변하지 않았는데도 S2 위치에 있는 것처럼 보입니다. 이때 생기는 각도를 별의 시차라고 부르는 것입니다. 이 시차를 이용하면 별까지의 거리도 구할 수 있습니다. 별이 멀리 있으면 시차는 그만큼 작아지기 때문입니다.

공전의 또 다른 증거로 계절에 따른 별의 연주운동을 들 수 있습니다. 별의 연주운동은 별의 시운동이라고도 하는데, 매일 같은 시각에 별자리를 관측할 때 별들이 동에서 서로 매일 약 1°씩 이동하는 현상을 말합니다. 지구는 1년에 걸쳐 태양의 주변을 360° 회전합니다. 1년, 즉 365일에 360°를 회전하므로 하루에 1° 정도가 되는 셈입니다. 연주운동은 별만 하는 것이 아닙니다. 태양도 연주운동을 합니다. 이렇게 말을 하면 '어? 태양이 움직여?'라고 생각할 수 있는데 그렇게 따지면 별도 직접 움직이는 것은 아니지요. 사실 지구가 움직이는 것인데 우리가 보기에 지구는 움직이지 않고 상대적으로 별이나 태양이 움직이는 것처럼 느끼는 것뿐입니다. 그래서 별의 시운동, 태양의 시운동이라고 부릅니다.

태양의 연주운동, 즉 태양의 시운동은 태양이 황도를 따라 하루에 약 1°씩 서쪽에서 동쪽으로 움직이는 현상을 말합니다. 황도란 태양이 천구상에서 별자리 사이를 지나가는 길을 말합니다.

태양이 황도를 지나가는 길에 있는 12개의 별자

시운동
지구를 기준으로 하여 관측한 여러 천체의 겉보기 운동을 말합니다.

천구
지구에서 바라본 동그란 하늘로, 지구를 감싸고 있는 가상의 구를 말합니다.

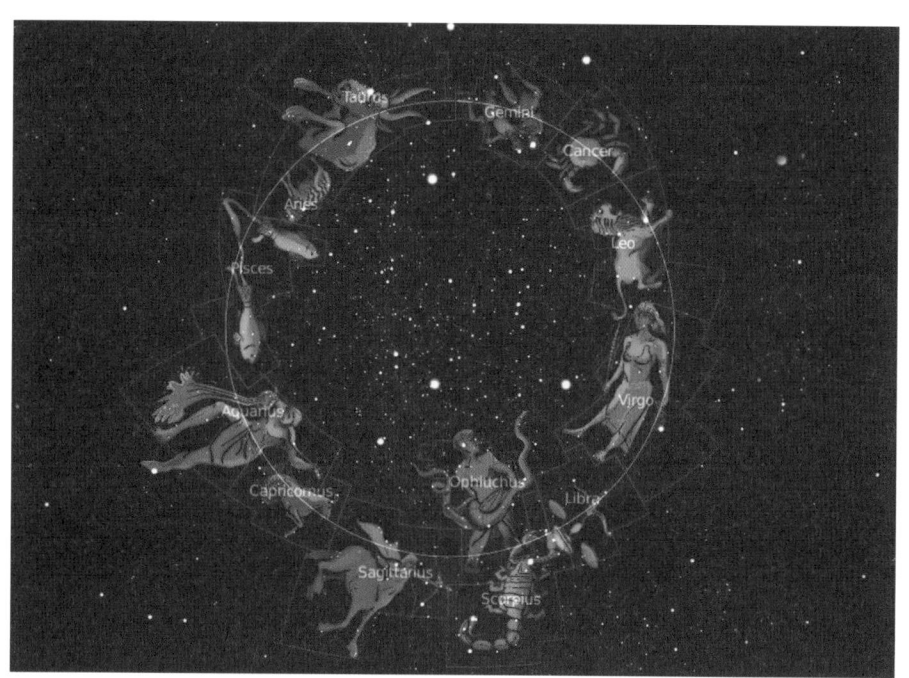

황도 12궁. 태양이 황도를 따라 운동하는 길에 있는 12개의 별자리를 말한다. ⓒltpublic@the Wikimedia Commons

리를 황도 12궁이라고 합니다. 별자리마다 특정한 '월'이 지정되어 있는데, 이것이 바로 태양이 지나가는 월입니다. 1월의 밤하늘에는 어떤 별자리가 보일까요? 1월의 별자리가 궁수자리니까 밤하늘에서 궁수자리를 볼 수 있을까요? 태양이 황도 12궁을 지날 때 그 별자리는 태양의 상이 맺히는 곳입니다. 즉 그 월에 해당하는 별자리는 태양이 가리고 있기 때문에 볼 수가 없는 것입니다. 대신 정 반대편에 있는 별자리가 밤하늘에 보이는 별자리가 되는 것이죠. 예를 들면, 1월에는 쌍둥이자리, 2월에는 게자리, 3월에는 사자자리가 밤하늘에 보이는 별자리입니다.

문제 1 1543년 폴란드 천문학자 코페르니쿠스가 주장한 '지동설'은 어떤 학설인가요?

문제 2 지구에서 계절이 변하는 이유는 무엇인가요?

3. 매일 조금씩 서쪽에서 동쪽으로 약 1°씩 이동하는 것처럼 보입니다. 사실 지구가 공전하고 있기 때문에 태양이 동에서 서로 움직이는 것처럼 보이는 것입니다. 지구는 1년에 태양의 공전궤도 360°를 회전함으로 매일 공전합니다. 지구가 1년에 지구에서 보고 우리에게서 태양이 움직이는 것처럼 보이는 그 각도는 365등분이 되며, 즉 365등분이 360°를 회전함으로 하루에 1° 정도가 되는 셈입니다.

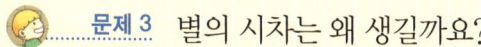 **문제 3** 별의 시차는 왜 생길까요?

정답

1. 지구가 자전함에 따라 지구의 자전축이 태양과 경사지는 정도가 달라지기 때문에 계절이 생깁니다. 그래서 태양과 지구의 자전축이 가장 경사지게 놓여 있는 6월과 12월에 태양의 남중 고도가 높거나 낮고, 이 때문에 낮의 길이가 2,000년 이상 일정하지 않고 또 있어 계절에 기온의 차이를 만들어서 계절이 달라집니다.

2. 지구의 자전축이 약 23.5° 기울어진 채로 공전하기 때문입니다. 만약 지구의 자전축이 수직으로 놓인다면, 낮 동안에 있기 때문에 대신 태양에너지를 받지 않고 계절을 것입니다. 그러나 자전축이 기울어져 있기 때문에 대신 태양에너지의 태양으로부터 들어오는 양이 계절이 계절에 따라 생기는 것입니다.

관련 교과
초등 3학년 2학기 4. 빛과 그림자
초등 6학년 1학기 3. 계절의 변화
초등 6학년 2학기 4. 계절의 변화

3. 태양 고도

기다리던 점심시간! 맛있는 점심을 먹고 나면 쏟아지는 졸음을 떨쳐버리기 힘들 때가 많습니다. 게다가 태양빛은 왜 이렇게 강렬하게 내리쬐는지 알 수 없습니다. 태양은 여러 친구들에게 똑같이 빛을 내리쬘 탠데 왜 나만 유독 덥고 햇볕이 따갑게 느껴지는 걸까요?

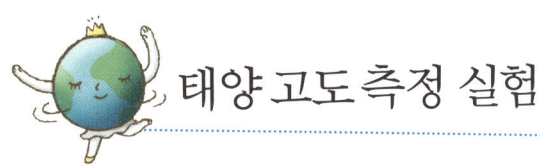

태양 고도 측정 실험

태양빛이 나에게 얼마나 내리쬐는지 알고 싶어 고민에 빠졌습니다. 어떻게 하면 나에게만 빛이 많이 오는 게 아니라는 것을 증명할 수 있을까요? 일단 태양의 남중고도를 알아봅시다. 태양의 고도란 태양과 지표면이 이루는 각도를 말합니다. 그중 남중고도는 태양이 정남쪽에 있을 때의 고도를 말합니다. 쉽게 말하면 태양이 내 머리 꼭대기에 있을 때, 태양과 지표면과 이루는 각도를 남중고도라고 합니다.

아침에는 태양이 비스듬한 각도로 지면을 비춥니다. 그리고 점점 하늘

■ 수직으로 비추었을 때　　　　■ 비스듬히 비추었을 때

 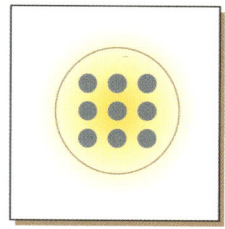  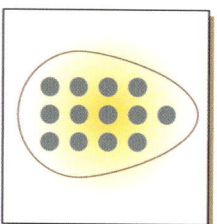

높이 떠올라 정오가 되었을 쯤에는 수직으로 지표면을 비추게 됩니다. 이 때 태양빛의 차이는 손전등으로 실험해 보면 알 수 있습니다.

　아침과 저녁에는 태양이 지표면을 비스듬히 비춥니다. 그림에서 태양빛을 받는 면적을 따져 보려면 동그라미 개수를 세어보면 됩니다. 비스듬히 비추면 태양이 밝게 만들어야 하는 면적이 넓어집니다. 면적이 넓어진다는 것은 그만큼 도달하는 태양복사에너지 양이 적다는 뜻입니다. '넓게 비추면 더 따뜻하고 좋은 거 아닌가?'라고 생각할지 모르겠지만 손전등이 가지고 있는 에너지의 총량은 일정한데 그것을 여러 면적이 나누어 가지려면 작게 나눌 수밖에 없습니다. 과자 한 봉지를 뜯어서 여러 명이 나누어 먹으려면 그만큼 한 사람에게 돌아가는 양이 적어진다는 것을 생각하면 쉬울 것입니다.

　반대로 정오가 되어서 태양이 지표면을 수직으로 비출 때는 같은 태양복사에너지 양이 좁은 면적에 공급돼서 많은 양의 복사에너지를 받을 수 있습니다. 따라서 정오쯤에는 태양의 고도가 가장 높고, 그림자는 정북쪽을 가리키며, 그림자의 길이는 가장 짧게 관측이 됩니다.

복사에너지

전자파의 복사로 방출되는 에너지를 말합니다. 고온인 물체의 표면에서 발산되는데, 다른 물질을 거치지 않고 공간을 뛰어 넘어 전달되는 에너지입니다.

태양의 고도가 가장 높을 때

 우리나라에서는 언제쯤 태양의 고도가 높을까요? 보통 정오, 즉 낮 열두 시의 고도가 가장 높지만 어디서나 그런 것은 아닙니다. 우리나라는 동경 135°를 시간을 정하는 기준인 표준자오선으로 삼아 시각을 정하는데, 우리나라 서울은 동경 127°에 위치하기 때문에 기준점과 약 8° 정도 차이가 납니다. 태양이 하루를 주기로 움직이는 것은 지구의 자전 때문인데, 태양이 하루에 360°, 1시간에 15°씩 자전하기 때문에 8°도 정도를 자전하려면 30분 정도가 걸립니다. 따라서 서울에서 태양의 고도가 가장 높은 시각은 기준점보다 30분이 느린 12시 30분경입니다.

■ 표준자오선

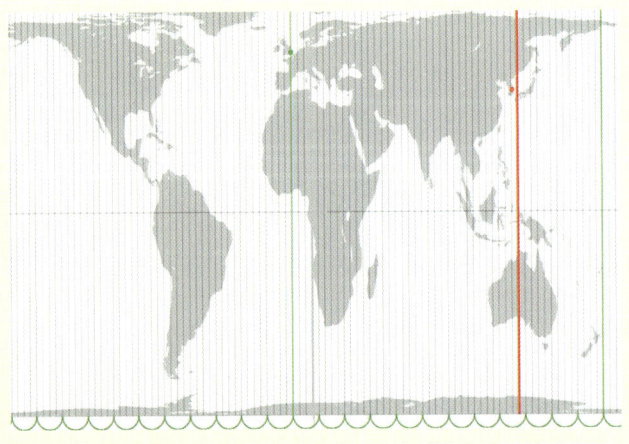

녹색 선은 경도 0°이고, 붉은 선이 우리나라의 기준인 135°선이다.
ⓒLipedia@the Wikimedia Commons

태양 고도에 따른 기온 변화

 하루 동안의 태양의 고도는 어떻게 달라지는지 이미 알아봤습니다. 아침부터 정오까지는 태양의 고도가 점점 높아지다가 정오경에 가장 높고 다시 오후가 되면서 고도는 점점 낮아집니다. 그렇다면 이 고도가 기온에는 어떤 영향을 미칠까요? 또 고도와 그림자는 어떤 관계가 있을까요? 정오가 되었을 때 그림자의 길이가 가장 짧아지고 반대로 오전, 오후에 그림자의 길이가 가장 길다고 말했는데, 이것을 어떻게 증명할 수 있을까요?

 태양의 고도와 그림자 길이의 관계는 비교적 간단한 실험으로 알 수 있습니다. 넓은 판지, 수수깡이나 나무젓가락, 실만 있으면 충분합니다. 태양이 잘 비치는 곳에 나무 막대를 세운 판지를 놓고 나무막대의 그림자가 생기는 끝과 나무 막대 끝을 실로 연결합니다. 그때 그림자와 나무 막대를 연

결한 실 사이의 각도를 태양의 고도라고 합니다.

 아침에는 태양이 비스듬히 비추기 때문에 그림자의 길이가 길어질 수밖에 없습니다. 나무막대를 옆에서 비추기 때문입니다. 그러면 막대의 그림자와 막대와의 간격도 멀어지게 되고 나무 막대와 막대의 그림자, 그리고 지면이 옆으로 긴 모양의 삼각형으로 만들어집니다. 다시 말하면 태양의 고도가 작아진다는 이야기입니다.

 반대로 정오가 되면 옆에서 비추던 태양은 점점 막대기의 위로 떠오르게 되고, 그림자의 길이도 짧아지게 됩니다. 그림자의 길이가 짧아지면 나무 막대와 막대의 그림자, 지면이 만드는 삼각형은 위로 솟은 모양이 됩니다. 태양의 고도가 커지는 것입니다.

 만약 태양이 나무 막대 꼭대기에 위치하게 된다면 그림자는 거의 없어지게 되고 태양의 고도는 90°, 즉 수직이 되어 가장 높은 값을 가지게 됩니다. 그리고 다시 오후가 되면서 반대편으로 태양이 지기 때문에 아침처럼 그림자의 길이는 다시 길어지고 태양의 고도는 작아지게 됩니다.

 이제 그림자의 길이와 고도와의 관계를 알아봤으니 그림자의 길이에 따른 기온의 변화를 알아볼까요? 기온의 변화는 손전등으로 바닥을 비췄을 때와 원리는 같습니다. 그림자의 길이가 길어지면 그만큼 넓은 범위로 빛이 퍼지기 때문에 기온은 낮고, 반대로 고도가 높아 그림자의 길이가 짧다면 좁은 면적에 빛이 집중되기 때문에 기온은 높아지지요.

 "그럼 하루 중에 기온이 가장 높은 시간은 정오쯤이 되겠네요?"라고 물어보는 사람이 있을 것입니다. 낮 열두 시경이 그림자의 길이가 가장 짧으니까요. 하지만 기온은 낮 열두 시보다 약 두 시간이 지난 뒤에 가장 높습니다. 가스레인지 위에 물을 올려놓는다고 바로 끓지 않는 것처럼, 열을 가

	태양의 위치	태양의 고도	그림자 길이	기온 변화
아침	동쪽→남쪽	점점 높아짐	점점 짧아짐	점점 높아짐
점심	남쪽	가장 높음(정오)	가장 짧음	가장 높음(낮 두세 시경)
저녁	남쪽→서쪽	점점 낮아짐	점점 길어짐	점점 낮아짐

한다고 하더라도 온도를 올리는 데는 충분한 시간이 필요합니다. 따라서 고도가 가장 높은 정오보다는 낮 두세 시경의 온도가 가장 높습니다.

하루가 점점 길어진다!

사계절을 살펴보면 봄, 여름, 가을, 겨울로 이어지기까지 낮의 길이가 모두 다릅니다. 낮의 길이가 달라지는 이유는 태양이 지나가는 경로가 다르기 때문입니다. 겨울에서 봄으로, 다시 여름이 되기까지는 낮의 길이가 길어지고 다시 여름에서 가을을 거쳐 겨울이 될 때까지는 낮의 길이가 짧아집니다. 이렇게 정해진 하루 24시간 동안 낮과 밤의 길이는 달라질 수 있습니다. 그런데 24시간으로 주어진 하루라는 시간이 달라질 수 있을까요?

1960년 미국의 고생물학자 존 웰스는 산호 화석을 연구하다가 흥미로운 점을 발견했습니다. 산호에는 식물에 있는 나이테처럼 성장선이 있는데, 이 성장선의 개수가 많을수록 하루가 짧은 것이고, 개수가 적을수록 하루가 깁니다. 그런데 과거에서 현대로 올수록 산호 화석의 성장선의 개수가 계속 줄어들고 있는 점을 발견한 것이죠. 다시 말해, 하루가 조금씩 길어지고 있다는 말입니다. 이 성장선을 가지고 하루의 시간을 계산했더니 지구가 탄생할 당시에는 하루가 겨우 네 시간이었고, 4억 년 전에는 22시간, 3억 년 전에는 22시간 30분, 이렇게 조금씩 시간이 길어져 현재 하루가 24시간이 된 것이라는 사실을 알게 됐습니다. 이런 계산대로라면 3억 6,000만 년 뒤의 지구의 하루는 한 시간이 더 늘어난 25시간이 될 수 있습니다. 이렇게 지구의 하루가 길어진다는 것은 지구의 자전 속도가 조금씩 느려지고 있다는 증거이고, 아주 오랜 시간이 지나면 지구의 자전이 멈춰 버릴 수도 있다는 결론이 나옵니다.

산호 화석에 나타난 미세한 성장선을 세면 과거 산호가 살던 시기의 하루 길이를 알 수 있다. ⓒ Hannes Grobe @the Wikimedia Commons

해시계의 탄생

요즘은 손목시계를 착용하는 사람들이 많이 줄었지요? 휴대 전화가 등장하면서 시각을 휴대 전화로 확인하는 사람이 많아졌기 때문입니다. 그런데 옛날 사람들은 어떻게 시각을 알아냈을까요? 이집트에서는 기원전 8세기 이전부터 해시계를 만들어 썼다고 합니다. 해시계란 그림자가 서쪽에서 동쪽, 즉 태양의 반대 방향으로 움직일 때, 그림자의 길이와 위치가 변하는 것을 이용해서 시각을 알아내는 장치입니다. 우리나라에도 세종 16년(1434), 장영실이 우리 기술로 만든 해시계인 '앙부일구'가 있습니다.

세종대왕 때 장영실이 만든 해시계인 앙부일구. ⓒBernat@flickr.com

12지	동물
자시(23시-01시)	쥐
축시(01시-03시)	소
인시(03시-05시)	호랑이
묘시(05시-07시)	토끼
진시(07시-09시)	용
사시(09시-11시)	뱀
오시(11시-13시)	말
미시(13시-15시)	양
신시(15시-17시)	원숭이
유시(17시-19시)	닭
술시(19시-21시)	개
해시(21시-23시)	돼지

흰색으로 표시된 동물 그림이 앙부일구에 새겨져 있다.

앙부일구는 오목한 솥(앙부)에 바늘이 붙어 있는 모양을 하고 있습니다. 해가 이동할 때 솥에 생기는 바늘의 그림자(일구)가 시각을 알려줍니다. 그림자가 가리키는 세로선의 눈금을 읽으면 시간을 알 수 있는 것인데, 세계에서 유일하게 절기가 함께 표시되어 있답니다. 앙부일구의 구성은 크게 세 부분으로 되어 있는데 오목한 솥 모양의 '시반'과 그림자를 가리키는 바늘인 '영침', 시반을 받치고 있는 '받침대'로 이루어져 있습니다. 이 영침은 정북쪽을 향해 있습니다. 따라서 해가 동쪽에서 떠올라 서쪽으로 지게 되면 바늘의 그림자는 반대로 서쪽에서 동쪽으로 움직입니다. 시반 안에는 서쪽에서 동쪽 방향의 순서대로 눈금이 매겨져 있고, 이 눈금에 그림자가 닿는 세로선인 시각선을 따라서 시각을 읽게 되는 것입니다.

시반면 주위에는 여러 개의 시각선이 있는데, 앙부일구가 만들어질 당시 백성들은 글을 모르는 사람들이 많았답니다. 그래서 글을 모르는 사람도 시각을 알 수 있게 양, 원숭이와 같은 12지에 해당하는 동물을 그림으로 그려 넣기도 했습니다. 하지만 12지에 해당하는 동물을 모두 그려 넣은 것이 아니라 일곱 가지 동물만 그려져 있습니다. 일곱 개의 시각선만 있다는 셈인데, 그 이유는 해시계 자체를 밤에는 볼 수 없기 때문입니다. 해시계로 시각을 측정하다 보면 일반 시계와 차이가 나는데, 해시계의 원리가 태양의 남중고도 차이를 이용한 것이어서 계절에 따라 태양의 남중고도가 조금씩 달라지면 그림자의 위치도 조금씩 달라지기 때문이랍니다.

절기

농사에 도움을 주고자 해서 만든 구분으로 계절을 여러 등분으로 나눈 24개의 절기가 있습니다.

앙부일구는 휴대용으로도 만들어졌습니다. 우리가 흔히 차고 다니는 손목시계와는 조금 다르지만 그래도 한 손에 쏙 들어올 만큼 작게 만들어져 소매가 매우 넓었던 한복 속에 넣고 다니기 좋았다고 합니다. 휴대용으로 만들다 보니 방향을 알지 못하면 그림자의 길이를 제대로 알 수가 없겠지요? 그래서 영침의 방향을 북극으로 맞출 수 있도록 나침반이 달려 있고,

휴대용 해시계인 현주일구를 확대한 모형.
ⓒoceandesetoiles@flickr.com

더구나 옥으로 만들어져 아름답기까지 했습니다.

세종대왕은 백성들의 생활을 최대한 편리하게 하기 위해 많은 발명품을 만들게 했습니다. 또 농업 생산량을 늘리기 위해 늘 고민했습니다. 그래서 절기와 시간을 보다 정확하게 알아내도록 했고, 자연재해인 장마와 홍수, 가뭄까지도 대비할 수 있도록 고려했습니다.

그래서 이 시대에는 앙부일구 이외에 현주일구, 정남일구, 천평일구 등 여러 가지 다양한 해시계가 발명되었지만, 안타깝게도 임진왜란을 겪으며 모두 사라졌고, 현재 남아 있는 것은 모두 17세기 후반의 것입니다.

최초의 시계

우리 생활에서 없어서는 안 되는 시계. 시계가 없으면 약속을 정하기도 어렵고 어떤 규칙을 정하기도 어렵습니다. 그렇다면 누가, 언제 시계를 최초로 만들었을까요?

최초의 시계는 기원전 4000년경에 이집트와 바빌로니아에서 사용되었습니다. 이때에는 '그모논'이라는 해시계를 사용했습니다. 하지만 이 시계만으로는 정확한 시각을 알 수 없어 더욱 세분화된 측정을 위해 '클랩시드라'라는 물시계를 발명하기에 이르렀고, 기원전 2550년쯤에는 낮과 밤을 12등분하기 시작했습니다. 낮과 밤을 12등분했다는 것은 하루를 24시간으로 사용하는 지금과 거의 같은 수치를 사용했다고 볼 수 있는 대목입니다.

1510년에 만들어진 '뉘렌베르크의 계란'은 세계에서 가장 오래된 회중시계 중 하나이다. ⓒ Pirkheimer @the Wikimedia Commons

우리가 흔히 사용하는 기계 시계는 1300년대에 발명되었는데, 여러 사람이 잘 보이는 곳에 설치해야 했기 때문에 유럽에서는 14세기경 도시마다 교회나 성당에 시계탑을 세우기 시작했습니다. 현존하는 시계탑 중 가장 오래된 것은 1370년에 만들어진 파리 대법원 앞에 있는 시계입니다.

문제 1 우리나라에서 태양의 고도가 가장 높을 때는 언제일까요?

문제 2 그림자의 길이와 기온은 어떤 관련이 있을까요?

고도가 높을수록 그림자의 길이가 짧아집니다. 같은 물체라도 태양의 고도에 따라 그림자의 길이가 달라지고 기온도 변화됩니다.

3. 해시계는 태양의 일주운동으로 생기는 그림자를 이용하여 시각을 나타내는 장치입니다. 그림자의 위치가 변화됨에 따라 시간을 알 수 있습니다. 태양은 하루에 360°씩 회전하므로 한 시간에 15°씩 움직이며 시간에 따라 생겨나는 그림자의 방향과 길이로 시각, 계절, 절기 등을 12등분하여 해시계에 표시함으로 시기를 알 수 있습니다. 그림자가 생기지 않으면 해시계의 시간을 표시할 수 없기 때문입니다.

문제 3 해시계의 원리를 생각해 봅시다.

정답

1. 우리나라 경도 135°를 기준으로 시간을 정하였으므로 경도 127°에 위치한 서울과는 약 8° 정도 차이가 납니다. 태양이 하루에 360°, 1시간에 15°씩 자전하기 때문에 8°를 자전하려면 30분 정도가 걸립니다. 따라서 사용시에 태양의 고도가 가장 높은 시간은 기준보다 30분이 늦은 12시 30분 정도입니다.

2. 수직으로 바닥을 내릴때 그림자의 길이가 짧아지며 그림자가 움직인 방향으로 움직이기 때문에 기준이 되는 눈금에 따라 시간을 알 수 있습니다. 이처럼 태양의 고도가 높아져 그림자의 길이가 짧아지기 때문에 기울어진 기둥이 움직인 방향으로 움직입니다.

관련 교과
초등 6학년 1학기 4. 생태계와 환경
초등 6학년 2학기 4. 계절의 변화
중학교 3학년 7. 태양계의 운동

4. 태양과 계절

계절의 변화는 자전축이 기울어진 채로 지구가 태양 주위를 공전하기 때문에 생깁니다. 그렇다면 지구 자전축이 똑바로 선 채로 공전한다면 계절의 변화는 생기지 않겠지요? 더운 나라는 사계절 내내 덥고, 추운 나라는 늘 추울 것입니다. 중위도에 속하는 우리나라 역시 여름과 겨울을 즐기기 위해 다른 나라로 떠나야 하는 불상사가 생길 수도 있습니다.

계절에 따른 태양의 고도와 기온의 변화

우리나라는 사계절의 변화가 뚜렷합니다. 사계절이 생기는 이유는 앞에서 말했듯이 지구의 자전축이 기울어진 채로 공전하기 때문입니다. 그렇다면 기울어진 채로 공전하면 왜 계절의 변화가 생기는지 더 자세히 알아봅시다.

지구가 태양 주위를 공전하는 모습을 살펴봅시다. 지구가 (가) 위치에 왔을 때 우리나라가 가장 많은 태양복사에너지를 받게 됩니다. 지구가 태양빛을 수직(90°)으로 받을 때 지면에 도달하는 태양복사에너지가 가장 많게 되는데, (가)의 위치에서는 북반구의 위도 23.5° 지점이 햇빛을 수직으로 받게 됩니다. 따라서 북반구는 다른 곳에 비해 기온이 높고, 여름이 됩니다. 하지만 북위 23.5°인 곳이 여름 내내 햇빛을 수직으로 받는 것은 아닙니다. 지구가 계속해서 움직이고 있기 때문에 늘 빛을 많이 받을 수는 없기 때문입니다. 북반구에서 태양의 고도가 가장 높아서 태양 빛을 가장 많이 받고, 따라서 낮의 길이도 가장 긴 이 날을 하지라고 부릅니다. 날짜상으로는 6월 22일경이 됩니다.

지구가 (나)의 위치에 왔을 때는 가을이 됩니다. 가을이나 봄은 태양의

> **북위와 남위**
>
> 북반구의 위도를 북위, 남반구의 위도는 '남위'라고 합니다.

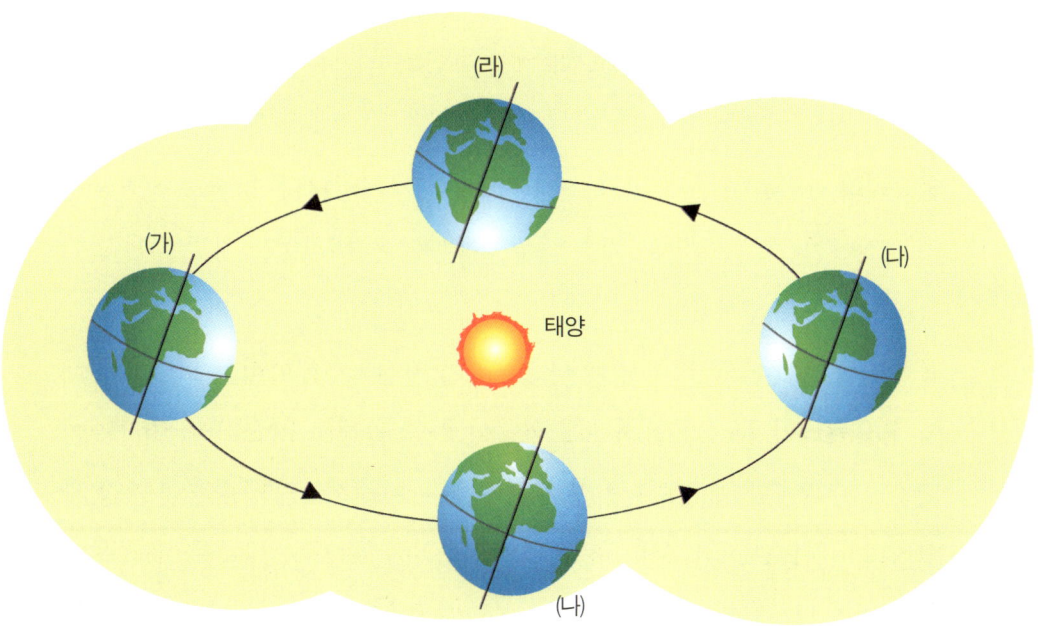

계절에 따른 지구의 공전 모습.

고도와 낮의 길이가 거의 같습니다. 즉 봄과 가을에는 햇빛이 적도 쪽을 수직으로 비추기 때문에 남중고도도 여름과 겨울의 중간쯤이 되고 그림자 길이도 중간, 기온도 중간쯤이 되는 것입니다. 이렇게 햇빛이 적도를 수직으로 비출 때를 봄에는 춘분, 가을에는 추분이라고 부릅니다.

지구가 (다) 위치에 왔을 때, 우리나라는 겨울입니다. 햇빛이 우리나라가 속한 북반구보다 남반구에 더 많이 도달하기 때문입니다. 햇빛이 남위 23.5°를 수직으로 비출 때 우리가 사는 북반구는 햇빛을 많이 받을 수 없기 때문에 기온이 낮아질 수밖에 없습니다. 햇빛이 남위 23.5°를 수직으로 비출 때를 동지라고 부릅니다. 1년 중 햇빛이 가장 적게 도달해서 밤이 가장 긴 날입니다.

그런데 1년 중 빛의 양이 가장 적은 날이면 1년 중 가장 추운 날이라고도 할 수 있을까요? 그렇지는 않습니다. 하루 중 남중고도의 변화를 알아보았을 때도 낮 열두 시에 남중고도가 가장 높았지만 기온은 두세 시경이 가장 높았던 것을 떠올려 봅시다. 지표면이 데워지는 데 시간이 걸렸기 때문이었습니다. 1년을 주기로 변하는 기온도 마찬가지입니다. 남중고도는 분명히 하짓날인 6월 22일경이 가장 높고, 태양복사에너지양도 가장 많은 날이 맞지만, 7월 말에서 8월 초순경에 비로소 가장 더워집니다. 마찬가지로 겨울에도 동지인 12월 22일 경에 남중고도가 가장 낮고, 따라서 도달하는 태양 복사에너지양도 가장 적은데 그날이 가장 춥지는 않습니다. 지표면이 냉각되는 데에도 시간이 걸리기 때문입니다. 따라서 1월 중순경이 가장 추워집니다.

24절기

태양이 지나가는 길인 황도의 위치에 따라 계절을 구분하기 위해 만든 것으로, 황도에서 춘분점을 기준으로 15° 간격으로 점을 찍어 총 24개의 절기로 나타냅니다.

이를 농사에 이용하면 씨를 뿌리는 시기와 거두는 시기 등을 미리 짐작할 수 있습니다. 하지만 요즘은 지구 온난화 때문에 24절기가 제대로 맞지 않는 경우가 많습니다. 계절별 절기를 정리해 봅시다.

계절	절기	날짜	특징
봄	입춘	2월 4-5일	봄이 시작되는 날
	우수	2월 19-20일	봄비가 내리는 날
	경칩	3월 5-6일	개구리가 겨울잠에서 깨어나는 날
	춘분	3월 21-22일	낮과 밤의 길이가 같은 날
	청명	4월 5-6일	농사질 준비를 하는 날
	곡우	4월 20-21일	농사를 지을 때 필요한 비가 내리는 날
여름	입하	5월 6-7일	여름이 시작되는 날
	소만	5월 21-22일	본격적인 농사가 시작되는 시기
	망종	6월 6-7일	씨를 뿌리는 날
	하지	6월 21-22일	1년 중 낮의 길이가 가장 긴 날
	소서	7월 7-8일	여름 더위가 시작되는 날
	대서	7월 23-24일	더위가 가장 심한 시기
가을	입추	8월 8-9일	가을이 시작되는 날
	처서	8월 23-24일	더위가 사라지는 시기
	백로	9월 8-9일	맑은 이슬이 내리는 시기
	추분	9월 23-24일	낮과 밤의 길이가 같은 날
	한로	10월 8-9일	찬 이슬이 내리기 시작하는 시기
	상강	10월 23-24일	서리가 내리기 시작하는 시기
겨울	입동	11월 7-8일	겨울이 시작되는 날
	소설	11월 22-23일	얼음이 얼기 시작하는 시기
	대설	12월 7-8일	큰 눈이 내리는 날
	동지	12월 22-23일	1년 중 밤의 길이가 가장 긴 날
	소한	1월 6-7일	작은 추위가 시작되는 시기
	대한	1월 20-21일	큰 추위가 시작되는 시기

 # 계절에 따른 밤낮의 길이 변화

여름이 되면 태양의 고도가 높아지게 됩니다. 태양의 고도가 높아지게 되면 태양복사에너지를 많이 받게 되는데, 여름에는 태양의 고도가 높아 낮의 길이가 길어집니다. 태양의 고도가 높으면 낮의 길이가 길어지는 이유는 무엇일까요?

바로 고도에 따라 태양이 뜨고 지는 위치가 달라지기 때문입니다. 춘분

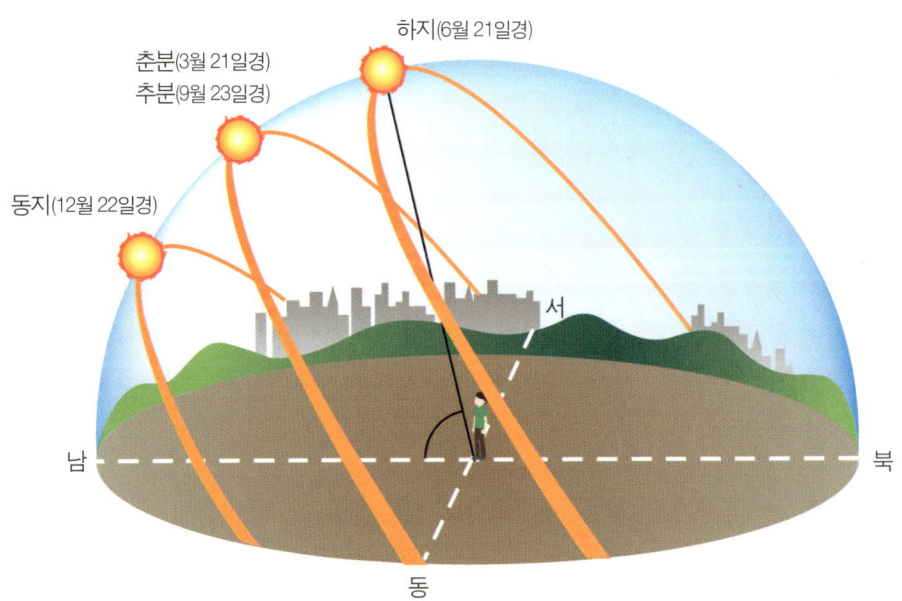

절기에 따라 태양이 뜨고 지는 위치.

과 추분은 태양이 정동쪽에서 떠올라 정서쪽으로 집니다. 일반적으로 우리가 생각하는 '동에서 서'라는 개념과 같습니다. 하지만 동지와 하지는 조금 다릅니다. 하지에는 태양이 북동쪽에서 떠올라 북서쪽으로 집니다. 반대로 동지에는 태양이 남동쪽에서 떠올라 남서쪽으로 집니다. 모두 동에서 서로 뜨고 지는 것은 맞지만, 하지에는 북쪽으로, 동지에는 남쪽으로 치우쳐 있기 때문에 북반구에 살고 있는 우리는 하지에 태양이 지나가는 길이 훨씬 길게 되고 낮의 길이가 길어지는 것입니다. 그렇다면 낮의 길이가 길다는 것은 무엇을 의미할까요?

여러분은 몇 시에 등교하나요? 보통 사계절 내내 8시 30분 정도일 것입니다. 등교 시각은 방학을 제외하고 늘 같은데, 여름에는 아주 환하지만 겨울에는 조금 어두울 때가 있지요? 그렇다면 해는 언제 뜰까요? 보통 여름

중천

하늘의 한가운데를 말합니다. 한낮을 가르킬 때 해가 중천에 떴다고 합니다.

에 아침에 일어나 보면 해가 중천에 떠 있습니다. 하지만 겨울은 다릅니다. 아직도 한밤중인 줄 알고 늦잠을 잤다가는 지각하기 십상이지요. 깜깜한 밤인 것 같아 '5분만!'을 외치다가 일어나 보면 8시가 다 된 경우가 많습니다. 이렇듯 해가 떠오르는 시각은 계절마다 다릅니다. 우리가 살고 있는 북반구를 기준으로 했을 때 여름에는 태양이 지나가는 길이 훨씬 깁니다. 따라서 북반구의 지면을 더 오랫동안 비추는 셈이 됩니다. 반대로 겨울인 동지에는 짧은 경로로 북반구를 지나가기 때문에 겨울에는 낮이 짧을 수밖에 없지요. 그럼 낮이 짧으니 반대로 밤이 무척 길어질 수밖에 없습니다.

하지때는 낮이 길고, 동지때는 밤이 길다고.

서머타임(summer time)

혹시 '서머타임제'라고 들어본 적이 있나요? 서머타임이란 말 그대로 여름의 시간을 말하는 것인데, 18세기 후반 미국의 벤저민 프랭클린에 의해 주장되었지만 시행이 되지 않다가 제1차 세계대전 중 독일에서 먼저 시행해 여러 나라로 퍼져 나갔습니다.

서머타임이란 여름철에 시행하는데, 그 나라의 모든 시계를 한 시간 앞당겨 놓는 제도를 말합니다. 여름철 우리나라 같은 경우에도 새벽 다섯 시 반 정도면 해가 떠오르는데 대부분 아침 여덟 시에서 아홉 시 정도가 되어야 활동을 시작합니다. 그리고 저녁에 여섯 시에서 일곱 시 정도에 모든 일과를 마치게 됩니다. 보통 여덟 시 이후에는 전등을 켜고 생활을 해야 하는데, 만약 한 시간 앞당겨 생활을 하면 그만큼 전등을 덜 켜게 되어 에너지를 절약할 수 있고, 긴 시간 햇볕을 쪼이게 되어 건강에도 좋다는 것이 서머타임제를 실시하게 된 이유입니다.

유럽에서는 매년 3월 마지막 주 일요일에 시작해 10월 마지막 주 일요일에 끝을 내지만 생활에 불편을 준다는 의견이 많아 폐지한 나라도 많다고 합니다. 우리나라도 서울 올림픽이 열리던 1988년도에 시행한 적이 있습니다.

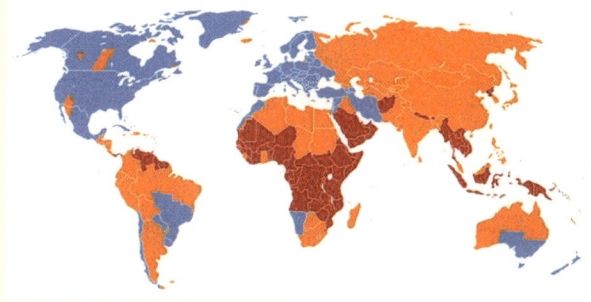

파랑색: 서머타임제를 시행하는 지역.
주황색: 서머타임제를 시행한 적이 있는 지역.
빨강색: 서머타임제를 한 번도 시행하지 않았던 지역.
ⓒ Paul Eggert@the Wikimedia Commons

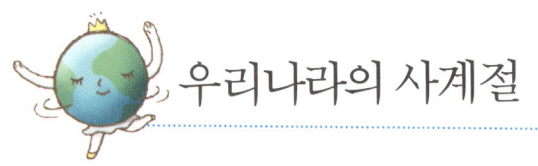
우리나라의 사계절

우리나라만큼 뚜렷한 사계절을 가진 나라도 그리 많지 않습니다. 봄이 되면 꽃이 피고, 여름에는 푸르게 자라나 가을에 열매를 맺어 겨울을 든든히 지낼 수 있는 것은 분명 축복입니다. 이런 살기 좋은 우리나라도 지구온난화와 오존층 파괴 때문에 계절의 특징이 조금씩 변해가고 있어 안타깝습니다.

우리나라의 사계절은 어떤 특징을 갖고 있을까요? 먼저 봄의 특징을 알아봅시다. 봄이 되면 중국 쪽에서 불어왔던 차가운 바람의 세력이 약해져 날씨는 점점 따뜻해집니다. 이때 세력이 약한 고기압과 저기압이 교대로 지나가면서 변덕스런 날씨를 만들어 냅니다. 보통 고기압이 지날 때에는 날씨가 맑지만 고기압의 뒤를 이어 저기압이 오는 경우가 많아 일시적으로 추워지는 현상인 꽃샘추위가 생기기도 합니다.

또 '봄' 하면 생각나는 것 중에 '황사'가 있습니다. 황사는 몽골 지방과 중국 북부

봄철 황사가 우리나라 대기권을 뒤덮었다.
ⓒ taylorandayumi@flickr.com

지방에 넓게 분포한 사막에서 불어오는 먼지바람입니다. 봄철 건조한 날씨 때문에 강한 사막의 먼지가 바람을 타고 우리나라까지 날아오게 되는 것입니다. 황사에는 모래 먼지뿐만 아니라 미세 중금속과 같이 우리 건강을

여름철에는 태풍이 자주 발생해서 홍수 피해를 입기 쉽다.
ⓒ Marc Averette@the Wikimedia Commons

해치는 물질이 들어 있으니 황사가 심할 때에는 외출을 자제하고, 외출을 한 후에는 손을 깨끗이 씻어 건강을 해치지 않도록 주의해야 합니다.

초여름부터는 장마가 시작됩니다. 장마는 수증기를 많이 가진 두 공기 덩어리가 충돌하면서 한 장소에 오래 머물러, 가지고 있는 수증기를 모두 쏟아낼 때 발생합니다. 장마가 시작되면 공기 중에 습기가 많아지기 때문에 곰팡이나 세균이 번식하기 쉽습니다. 따라서 습기를 제거하는 것이 중요합니다.

이렇게 장마가 끝나고 나면 불볕더위가 시작됩니다. 더위를 피해 물놀이를 떠나는 사람이 많아지는 때입니다. 하지만 7~8월에는 우리에게 아주 많은 피해를 주는 태풍이 지나가기도 하니 미리미리 대비해야 합니다.

가을은 날씨가 맑고 하늘이 높습니다. 1년 중 가장 살기 좋은 때입니다. 또한 농작물을 수확하기 때문에 먹을 것이 풍족해지는 시기입니다. 예로부터 가을은 '천고마비(天高馬肥)'의 계절이라고도 했습니다. '하늘이 높고 먹을 것이 풍족해 말도 살이 찌는 계절'이라는 뜻이지요. 이 글에도 과학적인 원리가 숨어 있습니다. 가을에는 먹을 것이 풍족하기 때문에 곧 다가올

춥고 배고픈 겨울을 준비하기에 안성맞춤입니다. 겨울에는 들판에 먹을 것이 없기 때문에 가을에 영양분을 많이 비축해 두어야 합니다. 그래야 추운 겨울을 든든하게 지낼 수 있습니다.

　겨울은 북쪽에서 불어오는 차가운 바람 때문에 날씨가 매우 추워집니다. 기온뿐만 아니라 대륙 쪽에서 불어오는 바람에는 습기가 굉장히 적습니다. 따라서 매우 건조하지요. 우리나라 사람들은 추운 겨울에 먹을 것을 미리 저장하기 위해 초겨울이 되면 김장을 합니다. 김장은 한겨울에 먹을 마땅한 반찬거리가 없었기 때문에 오래 저장하기 위해 배추를 소금에 절여 먹었던 것이 유래가 되었습니다. 요즘은 저장 기술이 좋아져 김장을 하는 집이 많이 줄었지만, 그래도 초겨울이 되면 집집마다 서로 품앗이로 김장을 해주며 정을 나누는 풍습이 있습니다.

우리나라 계절에 영향을 주는 기단

계절의 변화는 지구의 공전 때문에 생깁니다. 하지만 기온과 낮의 길이 외에 그 계절마다 서로 다른 특징을 보이는 것은 우리나라에 영향을 주는 기단 때문입니다. 기단이란 성질이 비슷한 공기덩어리를 말합니다. 성질이 비슷하다는 말은, 예를 들면 바다 쪽에서 만들어진 공기덩어리는 모두 습기를 많이 가지고 있습니다. 반대로 대륙 쪽에서 만들어진 기단은 습기가 없기 때문에 매우 건조합니다. 또 우리나라를 기준으로 북쪽에서 만들어진 기단은 차갑고, 남쪽에서 만들어진 기단은 따뜻한 성질을 가지고 있습니다.

봄과 가을에는 양쯔강 기단의 영향을 받습니다. 양쯔강 기단은 대륙 쪽에서 만들어졌기 때문에 건조하지만 따뜻합니다. 그래서 우리나라 봄과 가을의 날씨가 건조하고 따뜻한 것입니다.

겨울에는 시베리아 기단의 영향을 받습니다. 시베리아 기단은 북쪽에서 만들어졌기 때문에 차고 대륙에서 만들어졌기 때문에 건조합니다.

여름철 날씨는 바다에서 만들어진 북태평양 기단의 영향을 받습니다. 따라서 여름에는 덥고 습한 날씨가 계속됩니다.

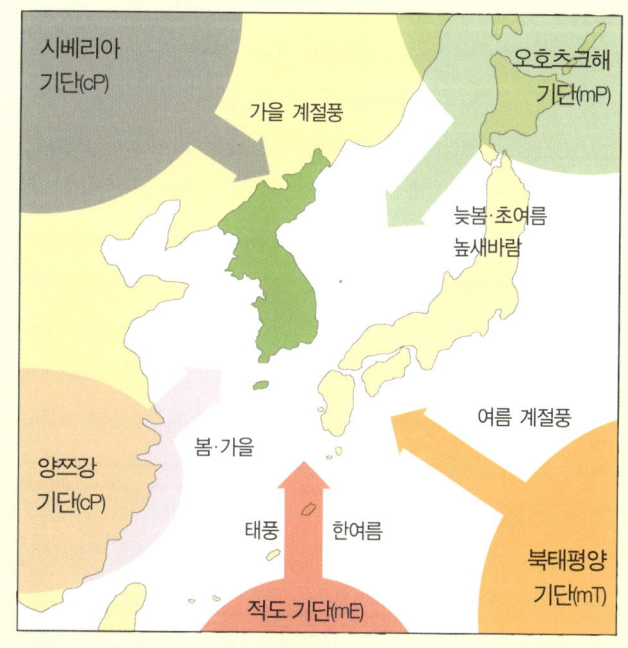

우리나라에 영향을 미치는 기단.

문제 1. 일 년 중 가장 더운 날과 가장 추운 날은 언제일까요?

문제 2. 우리나라에는 어떻게 사계절이 생기는 걸까요?

동지쯤에 가장 춥습니다. 따라서 태양의 열에너지가 가장 강한 지역에서 태양열을 많이 받아 하지쯤에 가장 덥고, 가장 적게 받아 지역에 계절이 생기는 것입니다.

3. 태양의 열이 여름철에 표준시보다 한 시간 앞당기 시계를 앞으로 돌려 여름철에 실제로 해가 있는 시간을 길게 활용할 수 있도록 만든 제도입니다. 서머 타임이라고 불리는 일광 절약 시간제는 낮 시간이 짧아지는 겨울에는 사용하지 않고, 여름에만 적용하는 국가도 있습니다.

※ 답입니다.

문제 3 서머타임제란 무엇인가요?

관련 교과
초등 6학년 1학기 4. 생태계와 환경
초등 6학년 2학기 4. 계절의 변화
중학교 3학년 7. 태양계의 운동

5. 태양과 기후

이제 지구가 태양 주위를 공전하기 때문에 계절의 변화가 생기는 것을 알았지요? 그런데 세상에는 곳곳마다 다양하고 독특한 날씨가 있어요. 1년 내내 덥기만 한 곳도 있고, 1년 내내 춥기만 한 곳도 있습니다. 이러한 것을 기후라고 하는데 어떤 기후들이 있는지 알아볼까요?

지구의 위도에 따른 태양의 고도 변화

앞에서 위도와 경도에 대해 잠깐 말한 적이 있는데, 위도와 경도를 정확하게 구분할 수 있나요? 지도를 펼쳐 보면 많은 가로줄과 세로줄이 있습니다. 세계지도에 이런 줄을 긋는 이유는 위치 파악을 좀 더 쉽게 하고, 시간을 구분하기 위해서입니다. 이 줄들은 기후, 비행기 항로 등을 결정할 때도 매우 중요하게 이용됩니다.

위아래를 구분한 가로줄이 바로 위도입니다. 위도는 줄을 위아래로 나누었다고 생각하면 기억하기가 편하겠죠? 지구의 적도를 0°로 정하고, 북쪽

세계지도

세계지도에서 수많은 가로줄과 세로줄을 볼 수 있다. 가로줄을 위도, 세로줄을 경도라고 부른다.
ⓒeyes415@flickr.com

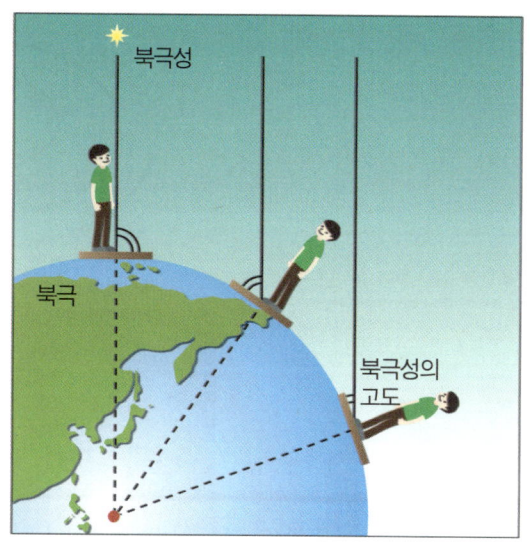

지구가 둥글기 때문에 위도에 따라 북극성의 고도가 다르게 나타난다.

으로 90등분, 남쪽으로 90등분을 한 것입니다. 이 위도는 북반구에서는 북극성의 고도나 태양의 고도를 측정하면 알 수 있습니다. 만약 지구가 편평하다면 북극성의 고도는 어느 곳에서나 같은 값을 가질 수밖에 없지만, 지구가 둥글기 때문에 위도마다 북극성의 고도는 다르게 나타납니다. 북극성의 고도는 지표면과 북극성이 이루는 각도를 말하는데, 그 값은 위도와 같게 나타납니다.

위도에 따라 태양의 고도가 다른 것은 간단한 실험을 통해 알 수 있습니다.

북극성

북반구에서 보이는 별로, 지구의 자전축 위에 있어서 언제나 보이는 별을 말합니다. 작은곰자리에서 가장 밝은 별입니다.

■ 위도에 따른 태양의 고도 측정 실험

① 두꺼운 종이로 지름 5㎝ 정도의 원판을 만듭니다.
② 원판의 중심에 수수깡으로 그림자 막대를 세웁니다.

③ 원을 중심으로 그림자가 생기는 길이를 쉽게 측정할 수 있도록 일정한 간격의 원으로 거리를 표시합니다.

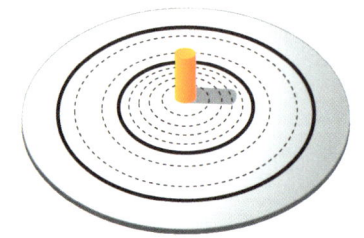

④ 원판을 양면테이프나 고무찰흙을 이용해 지구본 위에 붙입니다.

⑤ 그림과 같이 지구본을 향해 손전등을 켜고 위도에 따라 태양 고도 측정 원판을 움직이면서 태양의 고도와 그림자의 길이를 측정합니다.

■ **실험결과**

위도(°)	그림자의 길이(cm)	태양의 고도(°)
0	0	90
30	0.6	60
45	1.1	45
60	1.7	30

위도가 0°(적도)일 때, 태양의 고도가 가장 높고, 그림자의 길이가 가장 짧습니다. 위도가 60°일 때, 태양의 고도가 가장 낮고, 그림자의 길이가 가장 깁니다.

실험을 통해 우리는 위도가 높을수록 그림자의 길이가 길어지고 태양의 고도가 낮아진다는 것을 알아봤습니다. 이것은 온도와도 밀접한 관련이 있습니다. 태양복사에너지가 수직으로 지표면을 비추면 더 많은 에너지가 전달되어 온도가 높아집니다. 그렇기 때문에 적도에 태양복사에너지가 가장 많이 전달되고 온도 또한 가장 높게 되는 것입니다. 따라서 북쪽으로 갈수록 위도가 높아지기 때문에 기온은 낮아지게 되는 것이지요.

하지만 이런 기온의 변화는 무조건 위도의 영향으로만 변하는 것은 아닙니다. 기온은 위도 이외에도 지형의 영향을 받기 때문에 등온선은 위도와 나란한 직선이 되는 것이 아니라 곡선으로 나타나게 됩니다.

등온선

기온이 같은 곳을 연결한 선을 말합니다. 우리나라의 등온선은 지형의 영향 때문에 주로 곡선으로 나타납니다.

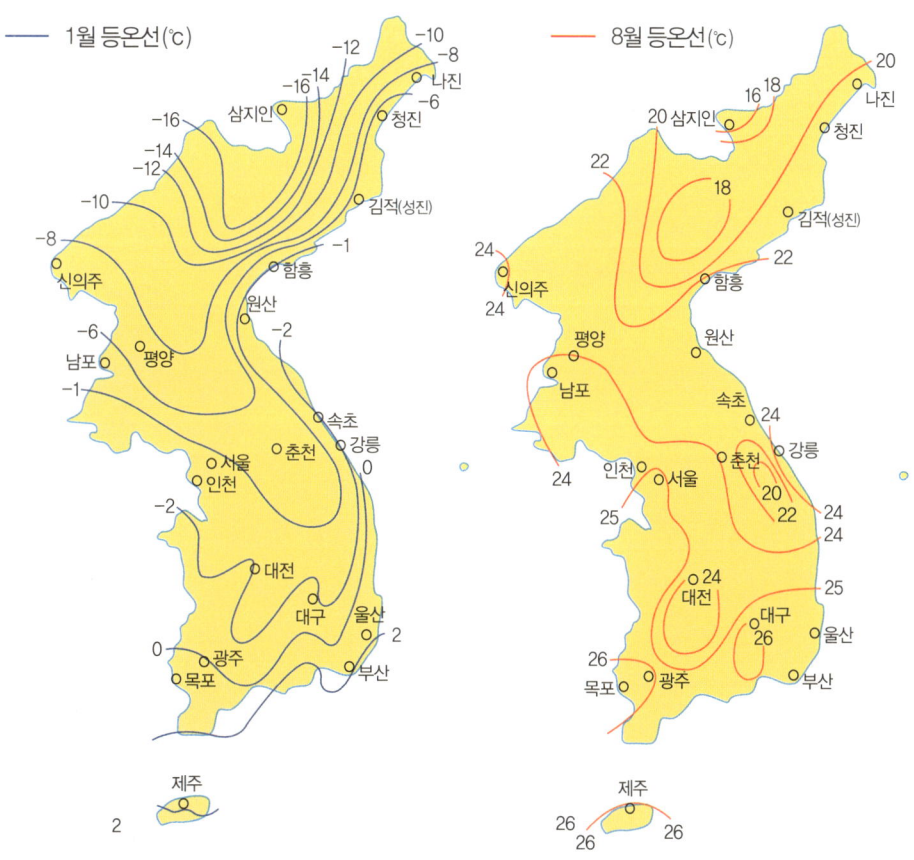

1월과 8월의 등온선.

태양의 남중고도

일반적으로 지표면과 태양 빛이 이루는 각도를 고도라고 합니다. 특히 남중고도란, 태양이 하루 중 정남쪽에 위치할 때인 낮 열두 시의 고도를 말합니다. 이 남중고도는 위도에 따라 다르기도 하지만 계절에 따라 달라지기도 합니다. 계절을 대표하는 24절기 중 동지 때 남중고도가 가장 낮고, 하지 때 남중고도가 가장 높습니다. 이런 태양의 남중고도는 위도를 알면 쉽게 구할 수 있습니다.

- **남중고도 계산식**

  춘, 추분 : 90° − 위도

  하지 : 90° − 위도 + 23.5°

  동지 : 90° − 위도 - 23.5°

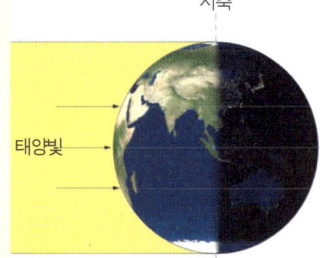

춘분날 태양과 지구의 위치.

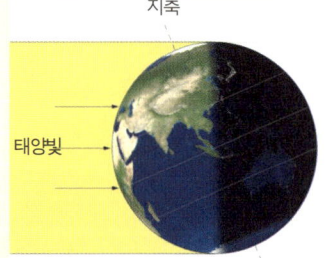

하지날 태양과 지구의 위치.

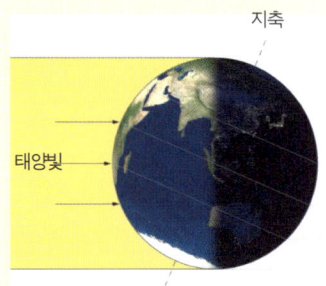

동짓날 태양과 지구의 위치.

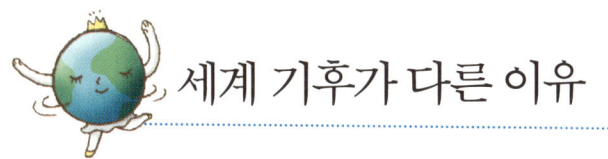# 세계 기후가 다른 이유

기후란 무엇일까요?

사계절이 뚜렷한 우리나라는 온대 기후에 속합니다. 가끔 해외를 탐방하는 텔레비전 프로그램을 보면 세계의 기후가 참 다양하다는 것을 새삼 느낍니다. 그 다양한 기후들 중에 우리나라처럼 뚜렷한 사계절을 보이는 곳은 사실 많지 않습니다. 우리나라의 사계절이 뚜렷한 이유 중 가장 핵심은 바로 지구가 둥글기 때문입니다. 태양 에너지를 가장 많이 받는 적도 지방은 1년 내내 뜨겁고 무더운 날씨를 가지고 있는 열대 기후가 되고, 태양 에너지를 가장 적게 받는 극지방은 1년 내내 얼음이 녹지 않는 차가운 날씨를 갖는 한대 기후가 되지요.

우리는 날씨가 궁금하면 일기예보를 보거나 인터넷으로 내일의 날씨 또는 일주일의 날씨를 알 수 있습니다. 하지만 기후가 궁금하다고 해서 일기예보나 인터넷을 보지 않습니다. 날씨가 변해도 우리나라는 늘 '온대 기후'라고 부르죠. 그렇다면 날씨와 기후의 가장 큰 차이점은 무엇일까요? 바로 측정 기간입니다. 날씨라는 것은 단기적인 대기 상태를 말해요. 다시 말해 오늘, 내일, 아니면 길게는 일주일 동안 공기가 어떻게 움직이는지를 관측해서 내일이나 모레의 날씨를 예측하는 것이지요. 하지만 기후는 다릅니다. 오늘 비가 내려도 혹은 날씨가 맑거나 눈이 내리거나 구름이 많이

봄. ⓒStegano@the Wikimedia commons

가을. ⓒJongleur100@the Wikimedia commons

여름. ⓒNova@the Wikimedia commons

겨울. ⓒMark & Emma Hambleton & Dolan@the Wikimedia commons

생겨도 우리나라가 온대 기후인 이유는 20년 정도의 평균적인 대기 상태를 측정한 것을 '기후'라고 정의하기 때문이죠. 그렇기 때문에 여름에 날씨가 더워도, 겨울에 아주 추운 혹한기가 와도 온대 기후임에는 틀림이 없습니다.

세계의 기후

세계의 기후를 살펴보면 대체로 같은 위도에 있는 나라들끼리 비슷한 기후를 가지는 것을 알 수 있습니다. 위도가 같으면 받을 수 있는 태양복사에너지양이 같기 때문에 비슷한 기후를 가질 수밖에 없지요. 그런 기후를 크

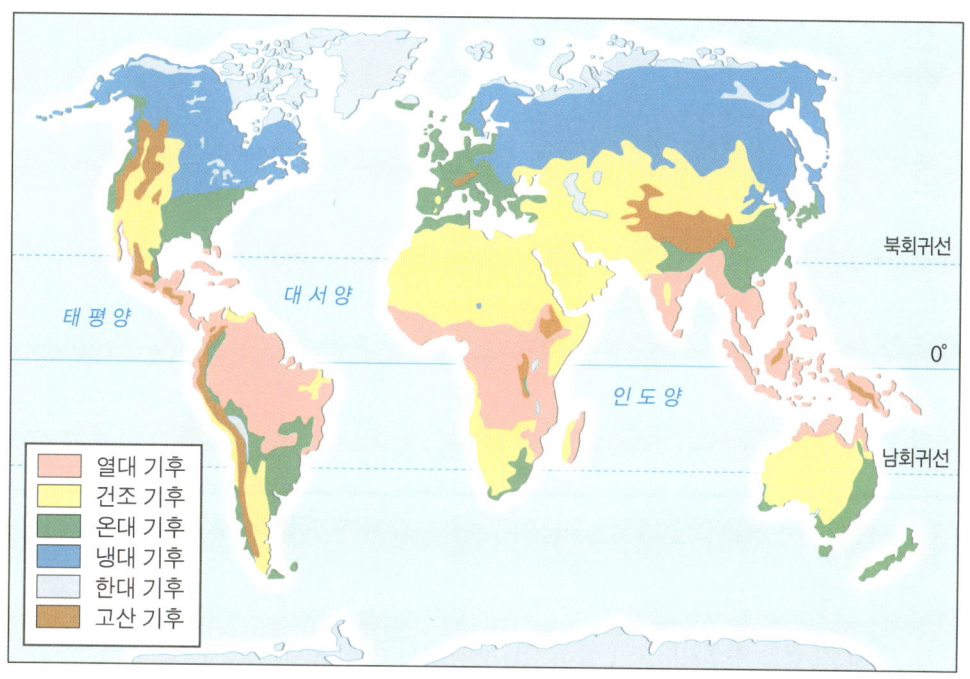

게 열대 기후, 건조 기후, 온대 기후, 냉대 기후, 한대 기후 이렇게 다섯 가지로 나눌 수 있습니다.

우리가 속해 있는 온대 기후는 사계절의 변화가 뚜렷한 편이어서, 여름은 덥고 겨울은 춥습니다. 이런 기후는 중국과 같은 동아시아 지역에서 나타납니다. 인류가 가장 많이 사는 곳이기도 합니다.

'세계의 허파'라고 불릴 정도로 많은 숲을 가지고 있는 아마존은 열대 기후에 속합니다. 열대 기후는 1년 내내 기온이 높아 겨울이 없는

말레이시아의 열대우림기후. ⓒSze Ning @the Wikimedia Commons

한여름에 해수욕장에 가보면 모래는 뜨겁지만 물속은 시원하다. ⓒ TakuyaMurata@the Wikimedia Commons

곳입니다. 또 비가 많이 오기 때문에 '열대 우림 기후'라고도 부릅니다. 그 덕에 울창한 숲을 만들 수 있습니다.

건조 기후 지역에 있는 사막은 계절의 변화가 뚜렷하지 않고 비가 많이 오지 않기 때문에 숲이 없습니다. 다만 아주 키가 작은 풀들이 자라 초원을 이루고 있습니다. 수분이 많이 증발하기 때문에 일교차와 연교차가 큽니다.

냉대 기후는 겨울이 길어 춥고 여름이 짧지만 서늘합니다. 북반구 북부의 대륙에서만 볼 수 있는 기후입니다.

한대 기후는 그린란드 중앙부나 남극 대륙처럼 1년 내내 겨울이 지속되어 얼음과 눈으로 덮여 있는 곳입니다. 여름이 되어 지표면의 얼음은 얼어도 땅속에서는 여전히 얼음으로 존재합니다.

대륙성 기후와 해양성 기후

그런데 자세히 지도를 보면 위도와 평행해도 기후가 다른 지역들이 있죠? 대표적으로 우리나라와 영국을 비교해 봅시다. 영국은 우리나라보다 고위도에 위치하는데, 실제로 우리나라보다 따뜻한 날씨를 나타냅니다. 그 이유는 바로 기후 때문입니다.

아주 더운 여름철에 수영장에 가 본 적이 있지요? 물속에서 신나게 놀다가 잠깐 나오면 바닥이 밟을 수 없을 정도로 뜨거울 때가 있습니다. 같은 태양 빛이 내리쬐고 있었는데도, 물은 뜨겁지 않고 왜 시멘트 바닥은 그리도 뜨거운 걸까요? 그것은 비열이라는 물리량이 다르기 때문입니다. 비열이라는 말은 물질 1g의 온도를 1℃ 올리는 데 드는 열량이라는 뜻입니다. 쇠막대기와 유리 막대기를 뜨거운 물에 담그면 쇠막대기가 빨리 뜨거워지는 것처럼 물과 시멘트 바닥은 다른 물질로 이루어져 있기 때문에 열을 받는 정도가 다르지요. 시멘트 바닥은 쉽게 열을 받고, 또 차가워질 때는 쉽게 차가워집니다. 물은 다른 물질에 비해 비열이 큰 편입니다. 비열이 크다는 것은 열을 가해도 쉽게 열을 받지 않고, 냉각을 해도 쉽게 차가워지지 않는다는 뜻입니다.

 이런 성질이 기후를 결정할 때에도 영향을 줍니다. 영국이 우리나라보다 위도상 위쪽에 위치해 있는데도 더 따뜻한 이유는 해양성 기후를 가졌기 때문입니다. 해양성 기후란 바다와 가까이 있어 육지보다는 바다의 영향을 많이 받는 기후를 말합니다. 이렇게 말하면 '어? 우리나라는 삼면이 바다라 바다의 영향을 더 많이 받지 않을까요?'라고 생각할 수 있습니다. 하지만 바다가 많고 적고는 큰 상관이 없습니다. 바다가 어느 쪽에 위치해 있느냐가 중요하지요.

 지구의 적도 쪽은 항상 에너지가 남고, 극지방은 에너지가 늘 부족합니다. 이렇게 계속 한쪽은 남고, 한쪽은 모자라게 되면 지구의 에너지 불균형이 심해질 수밖에 없지요. 지구는 이러한 에너지 불균형을 막기 위해 바다와 대기가 끊임없이 움직이고 있습니다. 이때 바닷물의 흐름을 해류라 하고, 대기의 순환을 대기의 대순환이라고 하는데, 해류와 대기의 대순환은 항상 일정한 방향으로 일어납니다.

 우리나라와 영국이 있는 중위도 지역을 보면 '편서풍'이라는 바람이 불

■ 대기의 대순환.

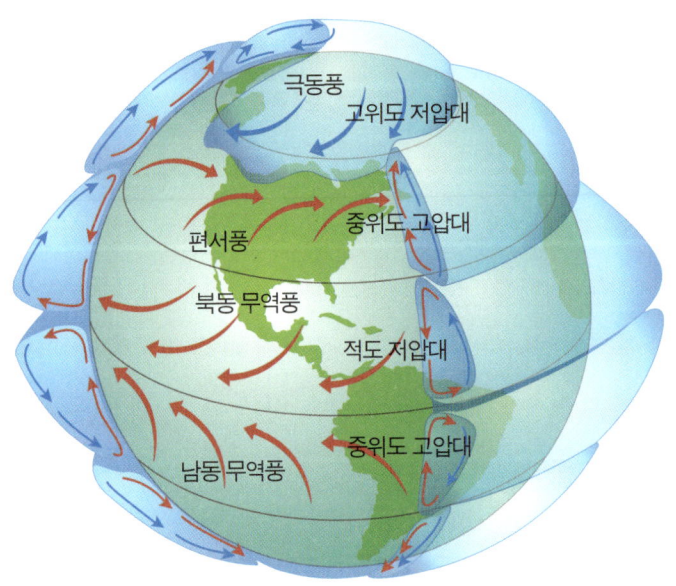

■ 대륙성 기후와 해양성 기후 비교표.

기후	수증기량	강수량	기온의 일교차	기온의 연교차
대륙성 기후	적다	적다	크다	크다
해양성 기후	많다	많다	작다	작다

고, 이것은 서쪽에서 동쪽으로 붑니다. 영국이 바다의 영향을 받아 해양성 기후를 갖는 이유도 여기에 있습니다. 영국의 서쪽에는 바다가 있지만 우리나라는 서쪽에 큰 바다가 없습니다. 대신 어마어마한 아시아 대륙이 존재하죠. 그래서 우리나라는 대륙의 영향을 많이 받는 대륙성 기후에 속하고 영국은 해양성 기후에 속하는 것입니다. 해류의 영향도 기후에 영향을 끼칩니다. 주변에 한류, 즉 차가운 물이 흐르면 같은 위도보다 날씨가 춥고, 난류, 즉 따뜻한 물이 흐르면 같은 위도의 다른 지역보다 날씨가 따뜻

해집니다.

  대륙성 기후는 비열이 작아 열을 쉽게 받기 때문에 온도의 변화가 쉽게 일어납니다. 온도 변화가 쉽다는 것은 아침과 저녁의 기온차인 일교차가 심하다는 이야기이고, 이것은 1년에 기온이 가장 높은 달과 기온이 가장 낮은 달의 차이인 연교차도 크다는 뜻입니다. 반면 해양성 기후는 물의 온도 변화가 크지 않기 때문에 일교차와 연교차가 적습니다.

우리나라의 기후

  우리나라는 봄, 여름, 가을, 겨울, 사계절의 구별이 뚜렷하여 계절마다 기온과 강수량 등이 달라집니다. 특히 여름과 겨울의 기후는 기온과 강수량의 특징이 뚜렷합니다. 여름에는 덥고 비가 많이 오지만, 겨울에는 춥고 건조합니다. 봄과 가을은 비교적 짧지만 맑고 쾌청한 날씨가 계속되는 특징이 있지요. 국토의 크기는 크지 않지만 지형과 지역에 따라 다양한 기후를 보입니다.

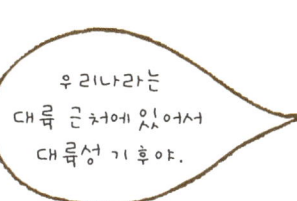

우리나라는 대륙 근처에 있어서 대륙성 기후야.

세계에서 가장 추운 곳과 더운 곳

세계에서 가장 추운 곳과 더운 곳은 어디일까요? 가장 추운 곳은 북극 또는 남극일 것이고, 가장 더운 곳은 적도 부근이라고 생각하기 쉽습니다. 지금까지 가장 낮은 기온의 기록은 남극으로 1960년 8월에 옛 소련의 보스토크 기지에서 영하 88.3℃를 기록한 일이 있습니다. 이 기록은 1983년 7월에 깨졌는데, 무려 영하 89.2℃였다고 합니다. 이 기록을 봤을 때 세계에서 가장 추운 곳은 남극이 거의 확실한 것 같습니다. 하지만 인간이 가지 못하는 그 어떤 곳의 온도가 더 낮을 수도 있으니 이 기록과 장소가 절대적이라고는 할 수 없습니다. 단지 '사람이 기온을 측정할 수 있는 곳 중에서는 남극이 가장 춥다.'고 말할 수 있을 뿐입니다.

그렇다면 세계에서 가장 더운 곳은 어디일까요? 예상으로는 적도 근처 어디일 것 같은데, 적도 중에서도 바다 쪽보다는 사막 쪽의 온도가 더 높을 것으로 예상할 수 있습니다. 현재까지 가장 온도가 높았던 곳은 1922년 9월에 이라크로, 당시 58.8℃로 관측됐습니다. 이 역시 인간이 측정할 수 있는 곳에서 최고 높은 온도일 뿐, 이보다 더 높은 온도를 나타낼 수 있는 곳은 얼마든지 있을 수 있습니다.

남극의 모습. ⓒStephenHudson@the Wikimedia Commons

쾨펜의 세계 기후 구분

독일의 기상학자 쾨펜은 기온, 강수량, 식물 분포 등을 토대로 하여 세계의 기후를 열한 가지 종류로 나눴습니다. 이 구분은 실제로 차이가 많이 나는 기후구를 같은 기후로 표현하는 결점이 있지만 현재까지는 식물과 인간의 관계가 가장 긴밀하게 나타나 있어 널리 사용되고 있습니다. 열한 가지 기후의 구분은 다음과 같습니다.

쾨펜
Wladimir peter Köppen, 1846~1940

러시아 태생의 독일 기상학자입니다. 세계 기후 구분법을 만들었고, 배를 운전하는 항해자를 위한 해양 기상도·항해 기상 편람을 만들었습니다.

① 열대 우림 기후(적도 아프리카, 아마존 강 유역): 1년 내내 기온이 높고 비가 많이 내립니다. 무더위가 계속되며 열대식물이 무성하여 정글을 이루고 있습니다.

② 열대 원야 기후(아프리카 데칸 고원): 1년이 우기와 건기로 나누어져 있으며, 열대식물이 잘 자랍니다.

③ 초원 기후(페루): 여름에 소나기가 내릴 뿐, 겨울에는 거의 비가 내리지 않습니다. 낮과 밤의 일교차가 심한 곳입니다.

④ 사막 기후(아프리카, 아시아의 사막): 기온이 높고, 낮에는 매우 더우나

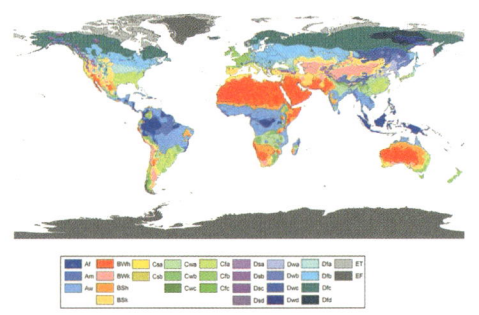

쾨펜의 세계 기후 구분. ⓒPeel, M. C., Finlayson, B. L., and McMahon, T. A. @the Wikimedia Commons

사막은 암석사막, 모래사막, 자갈사막으로 나눌 수 있다. 사진은 자갈사막의 모습이다. ⓒIngo Wölbern @the Wikimedia Commons

밤에는 선선해집니다. 비가 잘 내리지 않고 수분이 워낙 적기 때문에 식물이 자라기 어렵습니다.

⑤ 온대 하우 기후(중국 중부, 인도 북부): 기후는 온화하며, 겨울에는 비가 적고 여름에는 비가 많은 것이 특징입니다.

⑥ 온대 동우 기후(지중해): 기온은 온대 하우 기우와 같으나, 여름에는 비가 적게 내리고, 겨울에는 비가 많이 내립니다. 올리브나 포도 등이 잘 자랍니다.

⑦ 온대 다우 기후(서유럽, 북아메리카 남동부, 양쯔강 하류, 일본): 건기가 거의 없는 온대 기후입니다.

⑧ 아한대 다우 기후(유럽 북부, 캐나다): 겨울이 길고, 추위가 심합니다. 연중 비가 내리고, 겨울에는 눈이 많이 내립니다. 침엽수가 잘 자랍니다.

⑨ 아한대 하우 기후(중국 북동부, 시베리아 동부): 겨울에는 맑은 날씨가 계속되고 바람도 약하며 매우 서늘한 기후이나, 여름에는 온도가 비교적 높은 것이 특징입니다.

⑩ 툰드라 기후(시베리아 북부, 캐나다 북부): 기온이 매우 낮고 지면의 아

◀ 지중해성 지방에서는 수목 농업이 활발하게 이루어진다. ⓒKos@the Wikimedia Commons

▶ 툰드라 지방 모습. ⓒGrain@the Wikimedia commons

래쪽은 언제나 얼어 있습니다. 표면은 여름에만 녹아 이끼가 생기기도 합니다.

⑪ 영구 동결 기후(남극, 북극): 지구상에서 가장 한랭한 기후입니다. 가장 따뜻한 달의 평균기온이 얼음점 이하이기 때문에 1년 내내 빙설이 거의 녹지 않고 지표면은 두꺼운 얼음으로 덮여 있습니다.

문제 1 날씨와 기후는 어떻게 다른 걸까요?

문제 2 한여름에 해수욕장에 가면 왜 바닷물보다 모래가 더 뜨거울까요?

3. 기후에 영향을 미치는 요소에는 기온, 강수, 바람, 눈, 안개, 이슬비, 습도, 기압, 증발 등이 있어서 기후로 알아볼 수 있는 복합적인 다. 이들 중 기온은 기후를 이루는 요소 가운데 가장 기본이 되는 요소로, 햇빛과 밤낮, 지표면이 받는 열량 등에 따라 크게 달라집니다. 그런 의미에서 고르게 대륙보다 바다가 열용량이 상대적으로 커서 바닷물이 천천히 뜨거워지고 천천히 식습니다.

문제 3   세계의 기후에는 어떤 요인이 영향을 미칠까요?

도움말

1. 세계의 다양한 기후는 여러 가지 요인의 영향을 받아 형성됩니다. 기후에 큰 영향을 주는 요인으로는 위도와 해발 고도가 있습니다. 적도에서 극으로 갈수록 태양 에너지를 적게 받기 때문에 기온이 낮아집니다. 또한 해발 고도가 높을수록 기온이 낮아집니다.

2. 육지와 바다의 기후가 다릅니다. 대륙성 기후는 아침 저녁 또는 여름과 겨울의 기온 차가 크게 나타납니다. 반면, 해양성 기후는 아침 저녁 또는 여름과 겨울의 기온 차가 작게 나타나는 것이 특징입니다. 이밖에 해류도 기후에 영향을 주는 요인으로 작용합니다.